COLLECTION PICARD

BIBLIOTHÈQUE COLONIALE ET DE VOYAGES

LES FRANÇAIS

A

MADAGASCAR

PAR

FERNAND HUE

Illustrations par Bassan.

PARIS

LIBRAIRIE PICARD-BERNHEIM ET Cie

ALCIDE PICARD ET KAAN, ÉDITEURS

11, RUE SOUFFLOT, 11

LES FRANÇAIS A MADAGASCAR

Forgerons malgaches.

A.BASSAN.

COLLECTION PICARD

BIBLIOTHÈQUE COLONIALE

LES FRANÇAIS

A

MADAGASCAR

PAR

FERNAND HUE

Illustrations par Bassan.

PARIS

LIBRAIRIE PICARD-BERNHEIM ET Cie

ALCIDE PICARD ET KAAN, ÉDITEURS

11, RUE SOUFFLOT, 11

Reproduction interdite.

Tout exemplaire de cet ouvrage, non revêtu de notre griffe, sera réputé contrefait.

A. Picard & Kaan

LES FRANÇAIS

A MADAGASCAR

CHAPITRE PREMIER

DE 1506 A 1774.

Découverte de Madagascar. — Arrivée des premiers Français. —
Pronis. — De Flacourt. — La Compagnie des Indes orientales. —
Massacres de Fort-Dauphin. — Acquisition de Sainte-Marie.

C'est une histoire émouvante que celle de nos tentatives de colonisation dans la grande île de Madagascar ;
histoire où les traits de bravoure héroïque, les actes de
dévouement sublime, les luttes désespérées, se rencontrent à chaque page. Elle nous appartient doublement,
cette grande terre malgache : elle est nôtre, et par droit
de conquête, et par droit de première occupation. Notre
drapeau, blanc ou tricolore, c'était le drapeau de la
France, a flotté sur toute la côte, de la baie d'Antongil
à Fort-Dauphin; dans leurs luttes avec les indigènes,
nos nationaux, colons, marins ou soldats, ont payé de
leur sang la possession de ces territoires.

Nous allons raconter les événements dont l'île a été le théâtre depuis l'époque où les Français y débarquèrent pour la première fois jusqu'à nos jours, puis, nous ferons la description de Madagascar et de ses habitants.

Dans les premiers jours du mois d'août 1506, une flotte portugaise, sous le commandement de Fernan Suarez, revenait des Indes, en route pour Lisbonne. Assaillis par la tempête, les navires d'Emmanuel le Fortuné, alors roi de Portugal, erraient au gré des vents; le 10 août, la vigie du vaisseau amiral signala la terre et les marins abordèrent sur « une terre de grande étendue, habitée par une population nombreuse et de mœurs très douces, qui n'avait pas encore entendu prêcher la religion du Christ (1) ».

C'était Madagascar.

Au xiiie siècle, Marco Polo, le célèbre voyageur dont les récits ont longtemps été taxés de fiction, avait visité la grande île, qu'il désignait sous le nom de « Madeigascar », et sur laquelle il avait recueilli des renseignements de la bouche des Arabes qui trafiquaient avec les habitants.

Plus tard, les Portugais, les Hollandais, les Anglais, abordèrent sur ses côtes; mais, jusqu'au xviie siècle, aucune nation ne songea à y créer des établissements.

(1) *Compendio de las historias de los descubrimientos de la India oriental y sus Islas, por Martinez de la Puente,* page 115. (En Madrid, in-8°, 1681.)

C'est à la France qu'était réservé l'honneur de prendre possession de l'île, de s'y fixer, d'y fonder des ports militaires et des comptoirs de commerce.

En 1642, un Dieppois, le capitaine de marine Rigault, ou Ricault, fonda une compagnie de négociants, dite « Compagnie de l'Orient », pour l'exploitation de la « grande isle de Madagascar et isles voisines ». Richelieu lui accordait le monopole du commerce et de la navigation dans cette région, à condition que la nouvelle compagnie en prît possession au nom du roi de France. Le privilège accordé par Louis XIII fut confirmé par Louis XIV quatre mois après son avènement.

En mars 1643, le *Saint-Louis*, capitaine Cocquet, quittait l'Orient (1), emmenant les premiers colons : Pronis, Fouquembourg, deux commis et douze soldats, garnison future du fort Dauphin, que l'on allait édifier.

Le convoi arriva devant l'île au mois de septembre, pendant l'hivernage ; il visita la baie d'Antongil, Sainte-Marie, et, longeant la côte orientale, s'arrêta au sud-est, dans la baie de Sainte-Luce.

Le choix de l'établissement n'était pas heureux : sa mauvaise situation, jointe à la saison des pluies, qui est aussi la saison des fièvres, éprouva rudement la petite colonie, qui venait d'être renforcée de soixante-dix hommes. Pronis résolut de changer sa résidence, et, descendant plus au sud, il s'arrêta sur la presqu'île de

(1) A cette époque, Lorient s'écrivait : l'Orient.

Tholongare, promontoire élevé et bien aéré, où il jeta les fondations de Fort-Dauphin.

Dès les débuts de l'occupation, Pronis fit preuve d'une inconcevable incurie : grâce aux dilapidations du chef, les hommes se virent bientôt réduits au dénuement le plus complet. Des mesures impolitiques et même des actes de cruauté envers les indigènes lui aliénèrent la population ; de tous les habitants qui avaient reçu les Français en amis, il ne tarda pas à se faire des ennemis.

Cependant, las de souffrir, les colons se révoltèrent ; privé de son commandement, Pronis fut arrêté et chargé de chaînes. Sa captivité dura six mois. Un navire venu de France pour amener des vivres et des renforts délivra Pronis, dont le premier soin fut d'exiler douze des plus mutins. Il les envoya à la grande *Mascareigne,* dont Flacourt changea le nom plus tard, et qu'il appela *Bourbon ;* telle est l'origine de notre colonie de l'île de la Réunion.

Aussitôt que l'on apprit en France la conduite de Pronis, la compagnie le destitua ; il fut remplacé par le sieur de Flacourt, qui arriva à Fort-Dauphin le 4 décembre 1648. Flacourt était un homme énergique et éclairé ; malheureusement il était imbu de cette idée qu'il fallait gouverner les indigènes par la force plutôt que de se les attacher par la douceur. Aussi, eut-il à subir les attaques des naturels ; quoique décimés par les maladies, les Français — ils n'étaient que cent soixante-quinze — tenaient tête à des milliers de Malgaches, conseillés par les prêtres, qui ne leur offraient pour se défendre que leurs sortilèges et leurs talismans. Un seul coup de canon des Français en faisait fuir dix mille.

Cinq années s'étaient écoulées depuis l'arrivée de Flacourt à Madagascar et il n'avait pas reçu de nouvelles de la métropole; la France, occupée par les guerres de la Fronde, ne pensait guère aux colons de Fort-Dauphin, qui se croyaient abandonnés, lorsqu'un jour, deux navires parurent à l'horizon. Le commandant des vaisseaux n'apportait pas de vivres ; il venait seulement pour avoir des nouvelles et ses équipages étaient dans le plus complet dénuement.

Flacourt résolut alors de s'embarquer pour aller lui-même chercher en France les vivres, les armes et les munitions qui lui faisaient défaut. A peine avait-il quitté Fort-Dauphin qu'un incendie détruisait les constructions et ce qui restait d'approvisionnements. Flacourt ne revint jamais à Madagascar ; il se noya pendant la traversée de retour.

Cependant, la période de concession accordée à la *Compagnie de l'Orient* était expirée ; les fautes commises par la Compagnie étaient telles, que le conseil du roi refusa de proroger la durée du privilège ; une nouvelle concession fut accordée au maréchal de la Meilleraye pour quinze années. Celui-ci étant mort peu de temps après, son fils rétrocéda au roi, moyennant une somme de *vingt mille* livres, ses droits sur Madagascar.

Vers cette époque déjà, Colbert songeait à créer une

grande Compagnie des Indes orientales à l'instar de celles fondées quelques années auparavant par les Anglais et les Hollandais. C'est en 1654 qu'il mit son projet à exécution. Le capital de la nouvelle Compagnie, fixé à *quinze millions,* fut rapidement souscrit: Louis XIV s'inscrivit personnellement pour *trois millions,* et son exemple fut suivi par les gens de la cour, par la haute magistrature et l'élite de la société d'alors.

La concession faite par l'édit du mois d'août 1664 fut corroborée par un nouvel édit du 1ᵉʳ juillet 1665, prescrivant que désormais l'île de Madagascar, qui, depuis sa découverte par les Portugais portait le nom de *Saint-Laurent,* s'appellerait *île Dauphine.*

Avec l'installation de la Compagnie, on inaugurait un nouveau mode de gouvernement : le pouvoir absolu dont était investi le commandant allait être confié à un conseil souverain, siégeant à Paris, chargé de la direction de toutes ses possessions, et à des conseils privés chargés de l'administration de chacune d'elles.

Nous n'avons pas à étudier ici les services rendus ou les fautes commises par les Compagnies ou par leurs agents, mal choisis, gênés dans leur action par les conseils privés, avec lesquels ils étaient toujours en antagonisme, et par le conseil souverain, qui, de Paris, voulait donner des ordres aux agents, sans tenir compte des pays où ils opéraient et des luttes continuelles avec les indigènes. L'exemple de Dupleix n'est-il pas là pour montrer combien d'entraves étaient apportées aux directeurs par la Compagnie ?

Qu'il nous suffise de dire que notre colonie de Fort-Dauphin perdit peu à peu de son importance ; nos nationaux cependant n'abandonnèrent jamais les établissements de la côte de Madagascar, mais en 1670, six ans après sa création, la Compagnie, ruinée, malgré un subside de *deux millions* versés par le roi, remettait aux mains de Sa Majesté ses droits sur Madagascar.

Louis XIV réunit alors l'île Dauphine aux biens de la couronne. L'amiral Jacob de La Haye, nommé vice-roi de l'Inde, arriva à Madagascar le 24 novembre 1670, et le 4 décembre prit officiellement « possession de l'isle au nom du roy ».

Deux ans plus tard, la petite garnison de Fort-Dauphin était assaillie à l'improviste par les indigènes ; presque tous les hommes furent égorgés, et les quelques malheureux qui échappèrent au massacre se réfugièrent à l'île Bourbon, au nombre de vingt-cinq.

Les graves événements qui se déroulaient en Europe à cette époque, et auxquels la France prenait une part si active, empêchaient l'envoi immédiat de troupes pour venger le désastre de Fort-Dauphin.

En 1733, l'attention du gouvernement fut de nouveau appelée sur Madagascar ; l'ingénieur Cossigny fut chargé de visiter la baie d'Antongil et d'étudier la création d'un grand établissement. L'explorateur jugea ce territoire trop insalubre pour y envoyer des Européens et l'on ne donna pas suite au projet.

Quelques années plus tard, en 1746, le comte Mahé de la Bourdonnais, gouverneur des îles de France et Bourbon, vint à Madagascar, dont il voulait faire un point de ravitaillement et peut-être un poste stratégique. Il s'arrêta dans la baie d'Antongil, y répara sa flotte et la ravitailla amplement.

En 1750, sous le ministère de Choiseul, qui fit en Guyane une si malheureuse tentative de colonisation, la France acquérait la petite île de *Sainte-Marie de Madagascar*. Le 30 juillet, la reine Béti, fille de Tamsimalo, dernier souverain de Foulpointe, cédait à la France l'île de Sainte-Marie et tout le territoire qui s'étend sur la grande terre, entre la baie d'Antongil et Foulpointe ; les chefs des tribus occupant cette région ratifièrent cette cession. Le traité est signé par Béti, sa mère et tous les chefs.

De ce jour date une période de prospérité pendant laquelle le commerce entre notre colonie et la côte fut des plus florissants ; quand, en 1767, M. de Maudave vint à Madagascar pour rétablir la colonie de Fort-Dauphin, il trouva de nombreux établissements sur toute la côte, depuis le Fort-Dauphin jusqu'à la baie d'Antongil. Malheureusement, cet excellent administrateur ne fut pas secondé ; privé de subsides, il dut renoncer à ses projets et quitter la colonie en 1769.

La France, absorbée par les préludes de la guerre d'Amérique, renonça, momentanément, à toute opération militaire ou commerciale sur la grande île africaine.

En 1774, une nouvelle expédition abordait sur les côtes de Madagascar ; elle se composait de trois cents hommes commandés par le comte hongrois Maurice Benyowski.

Le chef de l'expédition, sorte d'aventurier de haute volée, était le héros d'aventures romanesques, dont quelques-unes tiennent du merveilleux ; aussi, croyons-nous devoir, avant de parler des événements qui se passèrent sous son gouvernement, raconter en quelques mots l'histoire de ce singulier personnage.

CHAPITRE II

1774 A 1810.

Histoire de Benyowski. — Son gouvernement. — Sa mort. — Lescalier. — Bory de Saint-Vincent. — Prise de Madagascar par les Anglais.

Maurice-Auguste de Benyowski naquit, en 1741, à Verbowa, en Hongrie, où sa famille possédait, disait-il, de grandes propriétés. Dès l'âge de quatorze ans, il embrassait la carrière des armes, entrait comme lieutenant dans le régiment de Siebenchien et assistait en cette qualité aux combats de Lobositz, en 1757 ; à ceux de Prague et de Schweidwitz, et enfin à la bataille de Donstadt, en 1758.

La même année, son oncle, le staroste de Benyowski, appelait le jeune homme en Pologne pour lui confier sa succession. Benyowski venait à peine d'hériter, qu'il reçut la nouvelle de la mort de son père, et en même temps l'avis que ses beaux-frères venaient de s'emparer de son héritage.

Le jeune comte part aussitôt pour Verbowa, se fait reconnaître des vassaux de son père, les arme, attaque les usurpateurs de son patrimoine, les chasse de vive force, et reprend possession de ses biens.

Pour se venger, les beaux-frères évincés ne trouvèrent rien de mieux que de se rendre à la cour de Vienne, et de desservir Benyowski par de basses calomnies ; le résultat de ces sourdes menées ne se fit pas longtemps attendre ; le jeune comte fut condamné à l'exil, ses biens confisqués et remis à ses ennemis.

Benyowski se rendit en Pologne et se joignit aux défenseurs de l'indépendance contre les Russes ; pendant cette campagne, il gagna tous ses grades, jusqu'au plus élevé, à la pointe de son épée : colonel, commandant de cavalerie et quartier-maître général. Blessé au siège de Cracovie, il tomba aux mains du général ennemi, qui lui promit la liberté à condition qu'il prendrait du service dans l'armée russe ; Benyowski refusa cette offre avec indignation. Il allait être dirigé sur la citadelle de Kiew, quand ses amis payèrent pour lui une rançon de *deux mille ducats* (22 000 francs).

Repris quelque temps après, il est dirigé sur Kazan, sur le Volga. A peine arrivé dans cette ville, il suscite une révolte chez les prisonniers ; mais le complot est découvert et Benyowski est envoyé au Kamtchatka.

Pendant la traversée, une violente tempête assaillit le navire qui le transportait avec un grand nombre de ses compagnons ; blessé pendant la tourmente, le capitaine confie la direction du bâtiment à Benyowski, qui le conduit sain et sauf au port.

A partir de ce moment, les aventures du Hongrois prennent les proportions d'un conte merveilleux.

Grâce à la façon habile dont il a sauvé le navire, Benyowski jouit, dès en arrivant, d'une certaine liberté. Un jour, le gouverneur Nilow le fait venir chez lui; par hasard, le prisonnier assiste à une partie d'échecs jouée entre Nilow et l'hetman, colonel des cosaques; timidement, il hasarde un avis, et sur ses conseils son chef gagne une grosse somme; aussitôt, il l'engage et le fait jouer pour lui, lui donnant une part importante sur les bénéfices; bientôt, il pénètre si avant dans les bonnes grâces de Nilow, que celui-ci le charge d'apprendre l'allemand et le français à ses enfants.

Benyowski profite de cette circonstance et de la grande liberté dont il jouit pour améliorer le sort de ses compagnons de captivité; puis, lorsque, grâce aux adoucissements qu'il a obtenus pour eux, il sent qu'il peut compter sur leur dévouement et leur discrétion, il leur dévoile le projet de fuite qu'il a mûri dans son esprit.

Au jour convenu, les conjurés, conduits par Benyowski, attaquent la citadelle à l'improviste, s'en emparent et font les soldats prisonniers; pendant le combat, le gouverneur Nilow est tué au moment où il va transpercer le Hongrois. Aussitôt maîtres de la position, les rebelles courent au port, s'emparent d'une corvette, le *Saint-Pierre-et-Saint-Paul*, s'embarquent et font voile vers le sud.

Au milieu de vicissitudes sans nombre et de fréquentes relâches dans l'île de Bering, au Japon, à Canton et dans l'île de Formose, dont le climat et la richesse séduisent Benyowski, le navire arrive à Macao.

Après quelques jours consacrés au repos, pendant lesquels il déploie un faste et un luxe royal, suivi de ses compagnons qui lui forment comme une cour, Benyowski s'embarque à bord du navire de guerre français le *Dauphin*, qui se dirige sur la France en passant par l'Ile de France.

La réputation du Hongrois le précède partout : à Maurice, les colons français lui font une réception magnifique, et il obtient du commandant du navire de toucher à Madagascar, où il visite Fort-Dauphin. Puis il arrive enfin en France, où il débarque à Port-Louis, près de Lorient.

La société parisienne, alors si frivole et si passionnée pour le merveilleux, s'éprit de l'aventurier hongrois, du soldat polonais, du héros de tant d'aventures invraisemblables. Mais Benyowski avait séduit le duc d'Aiguillon par le récit de ses voyages et surtout par un plan de colonisation qu'il voulait appliquer à l'île de Formose; le duc approuva le projet, mais il voulut qu'il servît pour Madagascar, et Benyowski fut chargé de relever nos établissements sur la grande île africaine.

A cette nouvelle, les officiers français protestèrent contre le choix fait d'un étranger; c'est à nous, disaient-ils, que revient l'honneur de replacer le drapeau de la

France sur la côte de Madagascar ; le ministre fut inflexible et Benyowski partit avec trois cents hommes.

Débarqué le 14 février 1774 dans la baie d'Antongil, malgré l'opposition des autorités de l'île de France (aujourd'hui Maurice), Benyowski prit de nouveau possession de l'île de Madagascar au nom du roi de France, et en fut reconnu gouverneur général. Il donna le nom de Louisbourg au nouvel établissement qu'il fondait dans la baie.

Après s'être mis en rapport avec les chefs indigènes et avoir obtenu leur serment de coopérer à la réalisation des plans de prospérité qu'il avait conçus, le gouverneur fit construire des forts et des postes de défense le long de la côte orientale à Angontzy, dans l'île Marosse, à Fenerife, Foulpointe, Tamatave, Manahar et Antsirak. Plus tard, il transporta sa colonie à neuf lieues dans l'intérieur, dans une plaine que les indigènes nommaient *Plaine de la Santé*.

Cependant Benyowski voyait tous ses efforts paralysés par le gouverneur de l'île de France, qui poussa l'hostilité jusqu'à lui envoyer un intendant porteur d'ordres secrets ; mais, grâce à son habileté, le Hongrois parvint à déjouer tous les projets de ses ennemis.

Des interprètes entièrement à sa dévotion parcouraient le pays, jusque dans les districts les plus éloignés, et nouaient, en son nom, des relations avec les chefs des tribus ; toute l'île était virtuellement sous sa domination. Une peuplade avait seule refusé de reconnaître la sou-

veraineté de Benyowski, c'était celle des Zaffi-Rabé.
Benyowski résolut de les visiter lui-même et de les
amener tout seul à l'obéissance.

Il réunit un grand *Kabar*, assemblée générale, auquel
assistaient, dit un historien, *vingt-deux mille* indigènes;
il leur expliqua le but qu'il poursuivait, et la prospérité
dont jouiraient tous les peuples de l'île s'ils voulaient
seconder ses vues; quand il eut obtenu l'adhésion formelle de tous ces naturels, il se rendit seul, accompagné
d'un interprète, au milieu des Zaffi-Rabé, réunis au
nombre de trois mille dans les environs, et qui deman-
daient à porter leurs plaintes au gouverneur lui-
même.

Il leur accorda toutes les satisfactions qu'ils deman-
daient et croyait les avoir enfin soumis, quand, tout à
coup, il se vit entouré par une multitude menaçante.
Il allait succomber, lorsque cinquante Malgaches, commandés par un officier français, arrivèrent à son secours.
Dans cette circonstance, Benyowski échappa à la mort
comme par miracle : obligé de se défendre avec son
épée seulement et de se faire jour dans la mêlée, il fut
couché en joue, à bout portant, par un indigène.
Sans s'émouvoir, Benyowski lui cria dans la langue du
pays :

— Tire, coquin ; mais ton fusil ne partira pas !

L'homme pressa la détente, et le hasard voulut que
l'arme fît long feu.

Saisi d'épouvante, le meurtrier jeta son fusil et prit la

fuite, bientôt suivi de ses compagnons ; ils criaient :

— Ampoumchave ! Ampoumchave !

Ce qui, en langue malgache, signifie sorcier.

Vers cette époque, une circonstance imprévue vint modifier complètement les projets de Benyowski.

Une vieille femme malgache, nommée Suzanne, vendue jadis comme esclave aux Français, et que Benyowski avait ramenée avec lui de l'île de France, déclara qu'en même temps qu'elle, avait été vendue la princesse Ramini, fille et héritière du dernier chef suprême de la province de Manahar, Rohandrian-Ampandzaka-bé-Ramini-Larizon. Conduite devant Benyowski, elle déclara qu'elle reconnaissait en lui le fils de cette princesse, et par conséquent, l'héritier des Ampandzaka-bé, dignité souveraine éteinte par la mort de Ramini.

L'impression produite chez les chefs de l'île par cette révélation vint encore s'augmenter par une prophétie faite peu de temps auparavant. Un vieillard de Manahar, qui se disait inspiré, avait prédit que des changements considérables s'opéreraient avant peu dans le gouvernement de Madagascar. Il n'en fallut pas davantage pour convaincre les indigènes.

Le 16 septembre 1776, un cortège composé de douze cents hommes et précédé des principaux chefs de l'île se présenta devant la maison de Benyowski demandant à lui faire une communication importante.

Lorsque les saluts furent échangés, Raffangour, chef de la nation des Sambarives, prit la parole au nom de tous :

— Béni soit le jour qui t'a vu naître ! Bénis soient les parents qui ont pris soin de ton enfance ! Bénie soit l'heure où tu as mis le pied sur le sol de notre île !

Les chefs malgaches ayant entendu dire que le roi de France avait l'intention de te retirer de ce pays et qu'il était fâché contre toi parce que tu as refusé de nous vendre comme esclaves, se sont réunis en kabars, pour savoir ce qu'il fallait faire, si ces rapports étaient vrais. Leur amour pour toi m'oblige à te révéler le secret de ta naissance et de tes droits sur cette immense contrée, dont tous les habitants t'adorent.

Moi, Raffangour, le seul survivant de la famille de Ramini, je renonce à mes droits sacrés pour te déclarer l'unique et légitime héritier de Ramini. Zanaar, le bon génie qui préside à nos kabars, a inspiré à tous les chefs la volonté de te reconnaître pour leur ampandzaka-bé et de jurer que loin de t'abandonner jamais, ils protègeront au contraire ta personne, au péril de leur vie, contre les violences des Français.

J'ai dit.

Quand cette manifestation fut terminée, trois officiers français de la garnison coloniale vinrent déclarer à Benyowski qu'ils voulaient le suivre et unir leur fortune à la sienne.

Le gouverneur refusa, leur expliquant que, lui, avait en quelque sorte sa liberté d'action, puisqu'il n'était pas Français. Quant à lui, il refusa de quitter le service de

la France avant d'avoir été relevé régulièrement par les
officiers du roi.

Le 21 septembre 1776, MM. de Bellecombe et Che-
vreau, envoyés par le gouverneur de l'île de France, re-
mirent à Benyowski un certificat constatant la régularité
de son administration, et reçurent de lui sa démission.

Dès ce moment, Benyowski se considéra comme le
maître de l'île de Madagascar.

Ses pouvoirs furent confirmés dans un grand kabar, et
c'est alors que le nouveau souverain crut le moment
venu de faire connaître aux chefs assemblés la nécessité
de conclure un traité avec la France, afin d'amener
l'exportation des productions de l'île.

Était-ce un moyen de remettre Madagascar sous la souveraineté de la France ?

D'abord, les chefs, et surtout le vieux Raffangour,
s'opposèrent vivement à ce projet; mais Benyowski sut
les convaincre, et après une longue et orageuse délibé-
ration, il fut convenu que l'ampandzaka-bé partirait
avec pleins pouvoirs pour se rendre en France ; mais
qu'il prendrait l'engagement de revenir à Madagascar,
soit qu'il réussît, soit qu'il échouât dans son entre-
prise.

Le 10 décembre de cette même année 1776, Benyowski
s'embarqua à Louisbourg sur le *Bel-Arthur*, un brick
qu'il avait frété. En s'éloignant des rives de Madagascar,
il put voir l'immense concours de naturels réunis sur la
plage pour lui souhaiter un heureux voyage, et par

leurs incantations, conjurer les maléfices et éloigner les mauvais génies qui pourraient s'attaquer à lui (1).

A peine arrivé en France, Benyowski eut de longues conférences dans lesquelles il expliqua sa conduite au gouvernement; il reçut en récompense une épée d'honneur, mais la France refusa de signer aucun traité avec lui. Il visita sans plus de succès l'Angleterre et l'Autriche, bien qu'il n'eût aucun droit de le faire, puis, sur le conseil de Franklin, il gagna les États-Unis d'Amérique, qui venaient de proclamer leur indépendance.

Il y séjourna jusqu'en 1785. Quand il revint à Madagascar, les chefs le reçurent avec enthousiasme, ce qui prouvait que dix ans d'absence n'avaient rien changé à leurs sentiments pour lui.

Dès son arrivée, Benyowski, devenu en quelque sorte un rebelle de la France, se mit en devoir de fortifier tous les points environnants du village d'Ambohirafia, dont il avait fait sa capitale. Ces travaux étaient à peine achevés qu'une expédition envoyée contre lui par le gouvernement de l'île de France arrivait devant Madagascar.

Le 23 avril 1786, soixante soldats du régiment de Pondichéry débarquaient et attaquaient le fort Mauritiana, où Benyowski s'était enfermé avec deux blancs et

(1) Tous ces faits sont consignés dans les curieux mémoires laissés par Benyowski; ils parurent pour la première fois en anglais à Londres, en 1790; en 1791, ils furent traduits en français et publiés à Paris (2 vol. in-8°).

trente indigènes. Du jour où le Hongrois entra en lutte avec la France, les indigènes l'abandonnèrent. Au moment où il pointait une pièce de canon chargée à mitraille et qui devait balayer l'étroit sentier par où les Français s'avançaient pour donner l'assaut, il reçut une balle en pleine poitrine; son corps resta trois jours sans sépulture. Ce fut M. de Lassale qui le fit enterrer et planta sur sa tombe les deux cocotiers que l'on y voit encore aujourd'hui.

Ainsi périt misérablement le comte Benyowski, magnat de Pologne et de Hongrie, dont les Malgaches vénèrent encore la mémoire aujourd'hui. Le comte Benyowski était brave, actif, entreprenant à l'excès; aussi juste que ferme, aussi généreux qu'énergique, il savait punir et récompenser à propos. Nourri dans les principes de l'école philosophique du xviiie siècle, il avait puisé dans ces principes les idées de tolérance et de libéralisme auxquelles il a dû principalement les succès et l'influence gagnée par lui sur ces peuples sauvages, que sa politique lui avait entièrement conciliés.

En 1792, le gouvernement de Louis XVI chargeait M. Lescalier d'étudier les moyens de rétablir les établissements français sur la côte; la Convention lui confirma son titre officiel de commissaire civil et affirma de nouveau les droits de la France sur Madagascar. M. Lescalier revint en France en 1796; il n'avait rien pu faire faute de subsides que, pendant cette époque troublée, la métropole ne songeait guère à lui envoyer.

En 1801, M. Bory de Saint-Vincent recevait du premier consul la mission d'explorer la grande île africaine ; cet officier déclarait que seule Madagascar pouvait donner à la France une position prépondérante dans la mer des Indes. En 1804, sur l'ordre de Napoléon Ier, M. Decaen, gouverneur des îles de France et Bourbon, faisait de Tamatave le centre des possessions françaises à Madagascar, et envoyait M. Sylvain Roux, en qualité d'agent général, pour organiser les établissements, former les milices, construire des forts et des batteries et enfin créer une véritable colonie française dans la grande île.

Ces travaux étaient à peine commencés que l'Angleterre s'emparait de l'île de France, de Bourbon, et que la flotte ennemie venant s'embosser devant Madagascar, forçait M. Sylvain Roux à capituler et à livrer Tamatave et tous nos établissements aux Anglais.

En résumé, pendant cette période de 1642 à 1810, sur laquelle nous avons passé rapidement, la France, par droit de premier occupant, s'est rendue maîtresse de toute l'île de Madagascar et de l'îlot Sainte-Marie ; personne, si ce n'est la population, dont les premiers colons ne surent pas apprécier les bonnes dispositions, n'est venu lui disputer la possession de ces territoires, et, par le seul fait qu'elle s'emparait de tous nos établissements de Madagascar, comme elle avait pris Maurice et Bourbon, l'Angleterre reconnaissait qu'ils étaient bien notre propriété.

CHAPITRE III

1811 A 1840

Reddition de Madagascar aux Anglais.— Traité de Paris.— Robert-Farquhar. — Radama Ier. — Prise de Tintingue et de Fort-Dauphin par les Hovas. — Mort de Radama. — Ranavalo. — Bombardement de Tamatave. — Évacuation de l'île.

A partir de cette époque, l'histoire des Français à Madagascar entre dans une phase nouvelle; jusqu'alors, les gouverneurs et les colons n'avaient eu à lutter que contre les indigènes de quelques tribus isolées, et l'insuccès des tentatives de colonisation ne pouvait être attribué qu'à l'incurie des chefs et à l'abandon dans lequel la métropole laissait nos nationaux établis à Madagascar.

Depuis 1811 jusqu'à nos jours, c'est contre un autre ennemi que nous allons avoir à nous défendre, contre les Hovas, tribu étrangère à l'île dont un chef puissant, secondé en secret par notre ennemie héréditaire, l'Angleterre, rêva d'étendre la domination sur toute l'île.

Le 18 février 1811, M. Sylvain Roux signait la reddition de nos établissements de Madagascar et en faisait la remise aux mains du capitaine Linne, commandant l'*Eclipse*, corvette de Sa Majesté Britannique. Les Anglais occupèrent un instant Port-Luquez, mais leur capitaine ayant, pour un motif futile, frappé le chef Tsitsipi, cette imprudente brutalité fut suivie de représailles sanglantes : les Anglais furent massacrés à l'exception d'un seul, qui put se sauver dans un canot. A la nouvelle de ce désastre, le gouverneur de Maurice envoya un agent pour demander réparation. On pendit le chef, auteur de tout le mal, puis les Anglais se retirèrent, non sans avoir pillé, brûlé, saccagé nos établissements; c'est ainsi qu'agissaient les Anglais chaque fois qu'ils opéraient une descente dans nos colonies.

Depuis lors, jusqu'en 1817, Madagascar resta abandonnée.

Le traité de Paris (30 mai 1814) nous remettait en possession de Madagascar; en effet, l'article VII de ce traité était ainsi conçu :

« *Toutes les colonies que possédait la France au 1ᵉʳ janvier 1792 lui seront rendues, à l'exception de Tabago, Sainte-Lucie (1), l'île de France et ses dépendances, nommément Rodrigues et les Seychelles.* »

Lors de la remise entre les mains de M. Bouvet de Loziers de notre colonie de Bourbon, l'amiral anglais sir Robert Townshend Farquhar, gouverneur de l'île de France, qui restait à l'Angleterre et prenait désormais

---

(1) Tabago et Sainte-Lucie font partie du groupe des Antilles.

le nom de Maurice, refusa de rendre Madagascar, sous prétexte que cette île devait être considérée comme une dépendance de Maurice.

Cette fausse interprétation du traité donna lieu à un échange de notes diplomatiques entre les cabinets de Londres et de Paris, à la suite desquelles le gouvernement britannique reconnut, par une dépêche en date du 18 octobre 1816, que la prétention de sir Robert Farquhar n'était nullement fondée.

En conséquence, M. le comte Molé, ministre de la marine et des colonies, donna ordre aux administrateurs de Bourbon de se rendre à Madagascar. Les commissaires français reprirent possession de Sainte-Marie le 15 octobre 1818 et de Tintingue le 4 novembre suivant, en présence de tous les chefs indigènes assemblés pour assister à la cérémonie. L'accueil fait par les naturels aux membres de la mission fut on ne peut plus cordial, et deux d'entre eux, Jean Réné, roi de Tamatave, et Tsifanin, roi de Tintingue, confièrent le premier son neveu, le second son fils à M. le baron Makau, commandant le *Golo*, pour qu'il les emmenât en France et les fît élever dans un collège.

La goélette l'*Amarante*, envoyée quelques jours après dans les eaux de Madagascar pour faire respecter notre pavillon arboré à Tintingue et à Sainte-Marie, reprit possession de Fort-Dauphin, dont il restait encore quelques vestiges.

Partout où s'arrêta l'*Amarante*, elle put constater

les bonnes dispositions des tribus du littoral à notre égard.

Lorsque sir Robert Farquhar se vit forcé de remettre Madagascar aux mains de la France, il temporisa, comme nous l'avons vu plus haut, cherchant le moyen d'éviter cette restitution, ou tout au moins d'en annuler les effets.

Il fut merveilleusement servi dans ses projets par les événements.

Depuis 1810, la tribu des Hovas avait choisi pour roi un jeune chef qui prit le nom de Radama Ier. Actif, intelligent, ambitieux, le jeune souverain rêvait d'étendre sur toute l'île la domination de son petit peuple, jusqu'ici cantonné au centre de Madagascar, dans la province d'Ancova. Instruit des visées de Radama, Farquhar résolut de faire du roitelet un instrument de l'Angleterre, et de s'en servir pour la réalisation de ses projets contre la France. Peu importait, du reste, à ce diplomate anglais, que ce chef ne fût qu'un tyran, l'oppresseur impitoyable et sanguinaire des malheureuses tribus d'alentour; il pouvait le servir, il l'employa.

Ne pouvant avouer hautement un pareil plan, le gouverneur de Maurice invoqua une œuvre éminemment philanthropique : l'abolition de l'esclavage.

Une ambassade anglaise chargée de présents fut dépêchée au roi Radama; après de longs pourparlers habilement conduits, les agents Stanfell et Pye signèrent avec le souverain hova un traité d'alliance, le 22 octobre 1817.

L'Angleterre reconnaissait Radama Ier roi de Madagascar ; elle s'engageait à payer au souverain une pension annuelle de 2 000 dollars (10 000 francs) ; à lui fournir 1 000 livres de poudre, 100 fusils, des effets d'équipement pour ses troupes, et pour lui, *un effet d'uniforme avec chapeau et bottes, le tout neuf et complet, plus deux chevaux*. En outre, l'Angleterre devait envoyer au roi des instructeurs pour organiser son armée.

En échange de ces avantages, Radama promettait l'abolition de la traite des esclaves sur tous les territoires soumis à sa domination ; il acceptait la présence à ses côtés d'un agent du gouvernement anglais, qui devait l'accompagner dans tous ses voyages ; ainsi que des missionnaires protestants anglais chargés de l'éducation de ses enfants.

Disons en passant que la clause, qui avait servi de prétexte à la rédaction de ce traité, n'a jamais été mise à exécution : l'esclavage existe toujours à Madagascar, et, comme nous le verrons plus loin, c'est en répandant le bruit que, dès leur arrivée à Madagascar, les Français affranchiraient les esclaves, que les agents anglais ameutèrent les Hovas contre nos nationaux en 1882.

Le premier agent placé par Farquhar auprès de Radama Ier était un nommé James Hastie ; simple sergent dans un régiment anglais, cet homme s'était fait remarquer du gouverneur de Maurice par son courage et sa présence d'esprit. Adroit, insinuant, peu scrupuleux sur le choix de ses moyens d'action, il avait été employé aux Indes à des missions importantes, mais peu honorables ; Hastie était digne de servir Farquhar. En même temps, le révérend Jones était chargé de fonder des écoles, de convertir les Hovas au protestantisme et de racoler des partisans au gouvernement britannique. Nous ne parlerons pas des moyens dont se servirent les agents anglais, de peur d'être taxés de partialité.

Telle était la situation de l'Angleterre à la cour du roi Radama au début de l'an 1821 ; son influence ne tarda pas à se faire sentir.

Le 7 juin 1821, une expédition, composée de soixantedix hommes, quittait la France en route pour Sainte-Marie. Les nouveaux colons étaient installés depuis un mois à peine dans la petite île, que la corvette anglaise le *Menaï* entrait en rade. Le commandant du navire était chargé de s'enquérir auprès de M. Sylvain Roux de ses intentions quant à l'établissement des Français sur la grande terre et de lui demander quels points de la côte il comptait occuper. Sur le refus de M. Roux de répondre à ces questions, le délégué anglais déclara que l'île de Madagascar était territoire indépendant, propriété exclusive de Radama Ier, *roi de Madagascar, allié* de l'Angleterre, et qu'aucune nation européenne n'avait le droit de s'établir sur l'île.

L'année suivante (13 avril 1822), Radama faisait publier une proclamation déclarant nulles toutes les cessions qui auraient pu être faites à la France et qu'il n'aurait pas ratifiées lui-même. Afin de donner plus de force à l'édit, le roi envoyait sur la côte trois mille hommes commandés par un général accompagné de Hastie, d'un officier et de quelques soldats anglais. La petite armée se dirigea sur Foulpointe, dont elle s'empara, plantant son drapeau sur la pierre même dressée en mémoire de notre prise de possession.

Les chefs de Tanibé (grande terre) se réunirent immédiatement en un grand kabar, tenu le 7 juillet, et renouvelèrent la déclaration de soumission faite à la France peu de temps auparavant. Malheureusement, M. Sylvain Roux n'avait pas de forces suffisantes pour attaquer les Hovas, reprendre possession des terres qu'ils venaient de violer et profiter des bonnes intentions des indigènes à notre égard ; tous les hommes valides lui étaient indispensables pour la défense de Sainte-Marie de Madagascar qui pouvait être attaquée d'un moment à l'autre ; il n'avait même pas un navire de guerre à sa disposition.

Peu de temps après ces évènements, M. Roux expirait des suites de ses fatigues et du chagrin que lui causait l'inaction forcée dans laquelle le laissait la métropole. Il fut remplacé par M. de Blévec.

A peine arrivé, le nouveau gouverneur recevait avis que Radama, en personne, se proposait d'occuper Foulpointe ; c'était une menace contre tous les établissements du littoral. En effet, au mois de juillet 1823, le roi, toujours accompagné d'agents et d'officiers anglais, détruisait Foulpointe, Fondaraze et Tintingue ; il enle-

vait même un troupeau de bœufs appartenant à l'administration de Sainte-Marie, et laissé en garde sur la
grande terre. Hors d'état de se défendre, M. de Blévec
se contenta de protester contre l'envahissement de nos
possessions.

Le roi répondit que lui seul était maître et roi de
Madagascar et qu'il ne reconnaissait à aucune puissance
étrangère le droit à la propriété d'un point quelconque
de l'île.

En quittant Foulpointe, Radama se dirigea sur la baie
d'Antongil, pour réduire les tribus du nord qui refu-
saient de reconnaître sa souveraineté. Notons que le roi
et ses officiers furent transportés sur la frégate anglaise
l'*Ariadne*.

Au mois de février 1825, quatre mille soldats hovas
se présentaient devant Fort-Dauphin et sommaient la
garnison de se rendre; l'officier français refusa d'obéir à
l'injonction du général hova, et demanda deux mois,
c'est-à-dire le temps nécessaire, pour en référer aux
autorités de Bourbon. Ce délai fut accordé; mais, au
mépris de l'armistice, les Hovas attaquèrent le fort à
l'improviste le 14 mars; ils s'en emparèrent et les
défenseurs furent faits prisonniers. Or, la garnison se
composait de *un officier et cinq hommes;* les assaillants
étaient *quatre mille !*

Pressé par le gouverneur de Bourbon de venger la
prise de Fort-Dauphin, M. de Chabrol, alors ministre
de la marine, décida, après de longues tergiversations,

l'envoi d'un corps expéditionnaire à Madagascar ; il
devait se composer de deux compagnies de cent
yolofs (1) chacune, formées au Sénégal et commandées
par des officiers et des sous-officiers d'artillerie de
marine. Qu'était-ce que deux cents hommes à opposer
aux quinze mille hommes de troupes presque organisées, commandées par des officiers anglais, dont pouvait
disposer Radama ?

La petite expédition allait se mettre en route, lorsqu'on
apprit la mort de Radama Ier, décédé le 27 juillet 1828 ;
il avait 37 ans.

En même temps, on était avisé de l'avènement de sa
veuve, la reine Ranavalo, dont le règne allait être un
instant funeste à l'influence anglaise à Madagascar.

Nous ne raconterons pas en détail l'histoire de cette
reine sanguinaire et cruelle, que l'on a surnommée le
Caligula femelle de Madagascar. Nous nous contenterons,
en continuant notre récit, de rapporter les faits auxquels
elle a été directement mêlée. Disons seulement que le
premier acte de la nouvelle souveraine des Hovas fut de
faire déclarer nul le traité signé entre l'Angleterre et
Radama Ier.

Cependant, le 28 janvier 1829, l'expédition projetée
se mettait en route ; elle se composait d'une division
navale, placée sous les ordres du capitaine de vaisseau
Gourbeyre, qui devait débarquer à Madagascar cent

(1) Yolofs, indigènes sénégalais au service de la France.

Vue de Tamatave.

cinquante-six hommes d'artillerie, quatre-vingt-dix hommes d'infanterie légère et les deux compagnies de yolofs. Au mois de juin, elle était réunie devant Bourbon.

Le 7 juillet, l'escadre mouillait en rade de Tamatave, dont les Hovas préparaient la défense, et, le 14, le commandant Gourbeyre notifiait son ultimatum à Ranavalo. Il lui donnait un délai de vingt jours pour répondre à cette notification. Pendant ce temps, la division se rendait à Tintingue, où elle relevait le fort et replantait le drapeau français.

Le 3 octobre, le commandant Gourbeyre était de retour à Tamatave, et, le 10, après les formalités d'usage, il ouvrait le feu sur la ville. Après quelques heures de bombardement, 238 hommes, mis à terre, enlevaient les positions ; nos soldats s'élancèrent ensuite à la poursuite des Hovas et leur infligèrent une nouvelle défaite.

De Tamatave, la division se rendit à Foulpointe ; là, nos armes ne furent pas heureuses ; accablés par le nombre, nos soldats furent repoussés. Les cartouches avaient été mouillées pendant le débarquement, et les troupes durent donner immédiatement l'assaut. Une décharge de sept pièces de canon, chargées à mitraille, mit la panique dans la petite troupe, qui battit en retraite et regagna les embarcations à la hâte. Quelques jours après, nous remportions un éclatant succès à la Pointe à Larrée, où le commandant laissa une garnison de 400 hommes.

Cependant, sous le coup de la panique occasionnée

par nos victoires, la reine manifesta le désir de faire la paix. En attendant la décision de Ranavalo, M. Gourbeyre se rendit à Bourbon pour conférer avec les autorités ; à son retour, il apprit que la reine refusait de traiter sur les bases qu'elle-même avait indiquées.

Pour reprendre les hostilités, il fallait attendre des renforts, car on ne pouvait se contenter de bombarder les villes de la côte ; on devait pénétrer jusqu'au cœur du royaume hova et s'emparer de Tananarive, la capitale.

Sur ces entrefaites, la révolution de Juillet s'accomplit. L'année 1830 s'était écoulée en préparatifs d'expédition et en vaines tentatives d'arrangement avec la reine. En 1831, alors qu'on pouvait se croire à la veille d'une action décisive, le gouvernement transmettait à l'expédition l'ordre d'évacuer Madagascar. Le 3 juillet, au moment même où la reine, redoublant d'insolence, nous intimait l'ordre d'abandonner l'île, le commandant et ses soldats quittaient Madagascar, sous les yeux d'une troupe de trois mille Hovas. Un instant, on songea aussi à évacuer Sainte-Marie ; mais la difficulté des transports, l'impossibilité d'abandonner l'île sans livrer à la vengeance des Hovas les indigènes qui s'y étaient réfugiés, firent renoncer à ce projet.

Depuis cette époque jusqu'en 1840, la question de Madagascar resta dans le *statu quo.*

CHAPITRE IV

1840 — 1886.

Acquisition de Nossi-Bé et Mayotte. — Expulsion des étrangers. — Bombardement de Tamatave. — Assassinat de M. d'Arvoy. — MM. Lambert et Laborde. — Traité de 1862. — Assassinat de Radama II. — Succession Laborde. — Le commandant Le Timbre. — Ambassade malgache à Paris. — L'amiral Pierre. — Prise de Tamatave. — La question de Madagascar devant les Chambres. — Traité de 1885-1886.

Pendant que le gouvernement de Juillet semblait oublier Madagascar, un officier de marine distingué, un homme d'une grande valeur, M. l'amiral de Hell, alors gouverneur de Bourbon, rêvait de doter la France de stations navales dans le nord-ouest de Madagascar ; il voulait créer des établissements sur la côte occidentale, « de telle sorte que la grande île indienne fût comme enveloppée dans les plis tutélaires du pavillon français ».

Dès 1838, l'amiral avait fait visiter le groupe d'îles situé en face la côte nord-ouest. En 1840, il envoyait son aide de camp, le capitaine d'infanterie de marine

Passot, s'enquérir des moyens les plus efficaces à la réalisation de son projet.

A cette époque, les Sakalaves, persécutés par les Hovas, s'étaient réfugiés en grand nombre dans l'île de Nossi-Bé, avec la reine du Boueni, Tsioumeka ; ils attendaient l'arrivée des secours qu'ils avaient demandés à l'iman de Mascate, Saïd-Saïd. A ce moment même, le *Colibri*, à bord duquel se trouvait M. Passot, jetait l'ancre devant Nossi-Bé. Les Sakalaves sollicitèrent l'appui de la France ; M. Passot le leur promit et il intima aussitôt l'ordre aux Hovas d'avoir à respecter les populations que la France prenait sous sa protection.

En échange du service rendu, les grands chefs concédaient leur pays à la France et se reconnaissaient sujets français.

Le 14 juillet 1840, les chefs Sakalaves et la reine Tsioumeka signaient l'acte de cession à la France des îles Nossi-Bé et Nossi-Cumba et de tous leurs droits de souveraineté sur la « côte occidentale de Madagascar, depuis la baie de Passandava jusqu'au cap Saint-Vincent». L'année suivante, Tsimiarou, roi de la province d'Ankara, de Nossi-Mitsiou et îles adjacentes, faisait aussi la cession de son royaume, et Andrian-Souli, roi de Mayotte, nous donnait la propriété de cette île.

Cependant, la reine des Hovas continuait à exercer tout un système de vexations contre les Européens. Le 13 mai 1845, sans cause connue, tous les étrangers résidant à Tamatave étaient convoqués, par ordre de Ra-

Guerrier sakalave.

A. BASSAN

navalo, chez le grand juge Philibert, pour entendre la lecture d'une proclamation leur enjoignant de reconnaître la loi malgache, promulguée ce jour contre les étrangers, c'est-à-dire : de faire *toutes les corvées* de la reine ; d'être assujettis à tous les travaux, *même à ceux imposés aux esclaves*; d'être *vendus comme esclaves* s'ils ont des dettes; de subir *la loi du tanguin* (1) ; d'obéir à tous les officiers, et même au dernier des Hovas; de ne faire aucun commerce avec l'intérieur de l'île, etc..... « Quinze jours de réflexion sont accordés aux traitants et commerçants. Si à ce terme ils n'ont pas accédé, *leurs clôtures seront brisées, leurs marchandises livrées au vol et au pillage* et eux-mêmes embarqués sur le premier navire qui se trouvera en rade. »

A toutes les protestations adressées par les victimes de cet ordre inique, qui se réclamaient des promesses faites par les Hovas eux-mêmes, il fut répondu que les Hovas étaient maîtres, chez eux, de *changer du jour au lendemain.*

Les navires français *le Berceau* et *la Zélée,* et la corvette anglaise *le Conway,* prévenus par des rapports officiels du danger que couraient les Européens, vinrent s'embosser devant Tamatave. Ils recueillirent à leur bord les traitants avec les objets qu'ils eurent le temps d'emporter, et du pont des navires ces malheureux purent

---

(1) *Loi du tanguin,* une des trois épreuves judiciaires alors en usage chez les Hovas; nous l'expliquerons au chapitre VIII, consacré à l'étude des mœurs et coutumes malgaches.

assister au pillage et à l'incendie de leurs propriétés.

A la protestation qui lui fut adressée par les commandants de la flotte, la reine répondit par le refus formel de rien changer à la *loi de Madagascar*. Les navires ouvrirent le feu sur Tamatave. Après avoir bombardé les forts, ils envoyèrent leurs compagnies de débarquement, qui enlevèrent les positions des Hovas à la baïonnette.

Cette expédition n'obtint pas de résultat pratique ; il eût fallu pousser jusqu'à Tananarive. Ajoutons que le lendemain de ce combat, les marins français et anglais purent voir les têtes de leurs camarades, tués pendant l'action, fixées au bout de sagayes, plantées sur la côte. Pendant une dizaine d'années, les têtes de nos malheureux compatriotes restèrent exposées ainsi à tous les outrages, jusqu'au jour où elles furent courageusement enlevées et ensevelies par M. Charles Jeannette, créole de la Réunion. Nous avions perdu quinze hommes et trois officiers ; les Anglais avaient quatre morts et douze blessés.

La nouvelle de cet événement souleva en France une légitime indignation ; le gouvernement ordonna les préparatifs immédiats d'une expédition qui devait partir sous les ordres du général Duvivier ; malheureusement, des questions de politique intérieure vinrent se mêler à la discussion ouverte en faveur de l'intervention des troupes françaises à Madagascar. Sans s'inquiéter de l'honneur du drapeau engagé dans cette affaire, sans tenir compte des intérêts de la France, sans s'occuper des

particuliers ruinés par les Hovas, les députés de l'opposition, tout en déclarant que « la France n'abandonnait
aucun de ses droits sur Madagascar, émettaient le vœu
qu'elle ne s'engageât pas *sans nécessité* dans de lointaines
et onéreuses expéditions. »

Les Anglais envoyèrent une flotte devant Tamatave.
Il fallait se faire pardonner les coups de canon et profiter de nos discussions politiques pour reprendre l'influence un instant perdue à Madagascar et reconnaître
la souveraineté des Hovas sur Madagascar. L'Angleterre employa un moyen pratique, comme elle seule
est capable d'en imaginer — on sait que les Anglais
sont peu chatouilleux sur le point d'honneur. — Elle
paya 15 000 dollars à la reine pour indemnité du
dommage causé par le bombardement, alors que, par
les ordres de cette même reine, les comptoirs des
sujets anglais avaient été pillés et incendiés et leurs
propriétaires honteusement chassés du sol malgache.

Chacun entend l'honneur du drapeau à sa manière !

Les pourparlers engagés entre le commandant de la
flotte anglaise et Ranavalo furent longtemps avant
d'aboutir ; enfin, en 1856, il obtint qu'un résident revien-
drait auprès de la reine.

Un mois à peine après le retour des Anglais dans
l'île, deux mille soldats hovas envahissaient le domaine
d'un Français, M. d'Arvoy, établi dans la baie de Bafoulabé, sur le territoire français. Notre compatriote,

ainsi que plusieurs autres Français et un grand nombre de Sakalaves, furent égorgés, puis mutilés. La reine fit tirer sept coups de canon *en l'honneur de la victoire remportée par ses troupes sur les Français,* et elle écrivit une lettre au gouverneur de Maurice à l'occasion de la *victoire* de Bafoulabé.

Le croirait-on ? le représentant de l'Angleterre, notre alliée, pour laquelle nous venions de combattre à Inkermann, à Balaclava, à Sébastopol, répondait à la reine une lettre dans laquelle il lui adressait ses *compliments pour sa victoire sur les Français,* et lui promettait de lui envoyer une frégate pour saluer son pavillon !

Depuis cette époque, jusqu'en 1862, Madagascar fut le théâtre d'événements que nous devons résumer rapidement pour bien faire comprendre ceux qui se sont passés dans ces dernières années.

Plusieurs Français s'étaient établis dans l'île ; mais deux surtout devaient y jouer un rôle important ; c'était M. Laborde et M. Lambert.

Jean Laborde était né à Auch le 16 octobre 1805 ; après avoir servi pendant quelque temps dans un régiment de cavalerie française, il s'était lancé dans des opérations commerciales qui l'avaient amené tout jeune dans la mer des Indes. Pendant un de ses voyages, il fit naufrage près de Fort-Dauphin ; recueilli par M. de Lastelle, un Français établi aussi à Madagascar, il résolut de se fixer dans l'île.

Grâce à ses qualités, à la douceur de son caractère, à

son intelligence, il réussit à acquérir sur l'esprit de la reine une grande influence, qu'il fit tourner au profit de la France et de la civilisation européenne.

« Ce grand nom ignoré, dit M. H. d'Escamps, eut fait honneur à tous les peuples ; c'est une figure française ; son nom appartient à l'histoire. »

Sur les conseils de M. Laborde, Ranavalo autorisa l'établissement de manufactures de toute sorte, dont elle confia la direction à notre compatriote.

Il organisa à Mantasoua, près de Tananarive, d'immenses fabriques, où dix mille ouvriers travaillaient le fer, fondaient des canons, des boulets, fabriquaient de la porcelaine, du verre, du savon, filaient de la soie. Il créa des exploitations agricoles, des plantations de cannes, des usines pour la fabrication du sucre, des distilleries pour le rhum. Ajoutons que M. Laborde faisait exécuter lui-même par ses ouvriers tous les outils et machines nécessaires à l'installation et au fonctionnement de ses usines.

M. Lambert, qui fut appelé à jouer, lui aussi, un grand rôle à Madagascar, était né à Redon (Ille-et-Vilaine), le 14 février 1824 ; il passa sa jeunesse à Nantes, puis vint à Maurice, où il épousa une jeune créole.

Intelligent, actif, plein de cœur et de courage, il créa dans cette île une importante maison de commerce. Il eut l'occasion de rendre à la reine Ranavalo un signalé service en ravitaillant ses troupes bloquées à Fort-Dauphin par des peuplades ennemies. La reine lui fit demander ce qu'il voulait comme récompense. En homme habile, M. Lambert répondit :

— Simplement la permission de monter à Tananarive pour avoir l'honneur de saluer la reine.

La demande fut accordée, et, à dater de ce moment, M. Lambert eut à la cour une situation prépondérante ainsi qu'auprès du prince Rakoto, héritier présomptif du trône, qui avait voué une affection profonde à nos deux compatriotes.

Ce prince, jeune, intelligent et bon, souffrait de la présence de sa mère, sur le trône ; ses cruautés révoltaient sa nature généreuse et il voyait avec peine son pays livré aux superstitions des sorciers et des vieux Hovas. Il rêvait de régénérer sa patrie par le travail et d'y introduire l'élément européen et surtout français. Cependant, ne voulant pas donner à la déposition de sa mère le caractère d'une révolution, le jeune prince résolut de solliciter le concours de la France, sa protectrice naturelle.

Il écrivit à Napoléon III une lettre dans laquelle il déclarait qu'en s'emparant du pouvoir, il n'avait d'autre but que la grandeur de la nation hova et lui demandait son appui. M. Lambert fut chargé par le prince de porter cette missive à Paris, ainsi qu'une lettre des principaux chefs demandant aussi le secours de la France.

Napoléon III reçut l'envoyé de Rakoto, écouta ses explications et parut très favorable aux projets commerciaux de M. Lambert. Malheureusement, sur le conseil de l'empereur, et afin de ménager « l'entente cordiale », celui-ci se rendit en Angleterre, où il vit lord Clarendon. L'homme d'État anglais comprit qu'approuver le plan de M. Lambert, c'était augmenter l'influence

A.BASSAN

Le roi Radama II.

française à Madagascar ; tout en feignant d'entrer dans les vues du jeune prince Rakoto, lord Clarendon se mit en devoir de déjouer tous les plans de M. Lambert et de M. Laborde. Dans ce but, il chargea M. Ellis de se rendre à Madagascar ; le révérend emportait des instructions secrètes, qui consistaient à révéler à la reine le prétendu complot tramé contre elle.

Point n'est besoin de dire que le digne M. Ellis employa dans l'accomplissement de sa mission toutes les finesses anglaises dont il fut capable : il raconta à la reine mère le voyage de M. Lambert à Paris et à Londres; lui annonça l'arrivée prochaine d'une armée française à Madagascar, envoyée pour la détrôner; il osa dire au jeune prince Rakoto qu'à la nouvelle de son complot contre sa mère, la cour de Londres avait été si affligée, qu'elle *en avait pris le deuil.*

Malgré ces calomnies, malgré l'argent dépensé sans compter pour se faire des partisans, Ellis fut chassé de Tananarive un mois après son arrivée. M. Lambert revint à Madagascar au commencement de 1857; son retour était attendu avec impatience. C'est avec douleur que le prince, M. Laborde et les amis de la France apprirent le peu de succès de l'envoyé.

Depuis cette époque jusqu'au 18 août 1861, date de la mort de Ranavalo, la terreur régna à Madagascar : on fit des exécutions en masse, et MM. Laborde et Lambert durent quitter l'île et se rendre, le premier à Bourbon, le second en France, pour reprendre les négociations.

C'est pendant cette période, et notamment en 1859 et 1860, que le capitaine de vaisseau Fleuriot de Langle passa, avec *tous* les chefs de la côte occidentale de Madagascar, des conventions par lesquelles *tous ces chefs cédèrent itérativement* à la France *tous les territoires* situés sur cette côte et commandant le canal de Mozambique.

Les gouvernements de la France et de l'Angleterre se firent représenter au couronnement du jeune roi, qui montait sur le trône sous le nom de Radama II; les envoyés anglais furent reçus avec politesse; la mission française avec tous les honneurs et toutes les distinctions possibles. A cette occasion, on signa le traité dit de 1862, qui attribuait à la *Compagnie de Madagascar* la concession exclusive des terres situées dans l'intérieur et sur la côte. L'article II donnait à la Compagnie le privilège de choisir sur les côtes et dans l'intérieur du pays toutes les terres inoccupées qui lui conviendraient. Les produits minéraux et agricoles de ces exploitations étaient déclarés exempts d'impôts, ainsi que les propriétés de la Compagnie.

L'acte, daté du 8 makarabo 1862 (9 novembre 1861) et signé le même jour, fut ratifié et contresigné par le commandant Dupré, le 3 octobre 1862. A cette époque et en échange de concessions excessives de notre part, M. Laborde était nommé consul de France à Tananarive. Les Hovas n'ont pas su apprécier la valeur de ce traité, qui n'a pas été plus respecté que les autres.

A peine connut-on à Madagascar la ratification du traité par l'empereur Napoléon, que deux partis se formèrent à Tananarive et s'unirent pour empêcher son exécution; nous voulons parler des vieux Hovas, les anciens conseillers de la cruelle Ranavalo et les méthodistes anglais. Ces deux partis si opposés se coalisèrent;

pour arriver à leur but, ils ne reculèrent devant aucun moyen, pas même le crime.

On fit courir sur le compte du jeune roi les bruits les plus odieux ; les réunions des *mena maso*, jeunes gens chargés par le roi de l'aider dans la régénération de son royaume, furent traitées d'orgies et de saturnales. Des fous, des convulsionnaires, enivrés par les boissons que leur donnaient les sorciers, parcouraient les rues l'œil hagard, les traits convulsés ; ils prétendaient être en communication avec la feue reine, qui reprochait à son fils d'avoir *vendu son pays* à des étrangers. Mais ces maladies nerveuses, provoquées par des breuvages, n'attaquaient que les esclaves, les gens du peuple et particulièrement les femmes ; cette folie étrange et passagère respectait les grands et les chrétiens.

Le dénouement du drame approchait : le 12 mai 1863, après une lutte dans laquelle périrent tous les mena maso, le roi fut étranglé avec une écharpe.

L'opinion publique accusa hautement M. Ellis d'être l'un des promoteurs du crime (1). Et cet assassinat, qui aurait dû soulever la réprobation de tous les hommes civilisés, fut approuvé par quelques-uns : le révérend Sibree, un méthodiste anglican, s'exprime ainsi :

(1) Déposition de M. de Cambourg : « Et grâce à M. Ellis, que j'ai vu arriver à Tananarive avec 150 000 francs en pièces de cinq francs, la conspiration ourdie contre ce prince et contre la France a complètement réussi. » (Enquête parlementaire, 1884, déposition des témoins.)

Tananarive, vue prise de l'Est.

« Ce roi... mourait de mort violente à la suite d'une révolution que les témoins les plus impartiaux déclaraient *inévitable* et *profitable* pour le pays..... Qu'il nous suffise de dire qu'une mauvaise *politique. commerciale*, une complaisance trop crédule du jeune roi dans les *desseins d'artificieux étrangers* (MM. Laborde et Lambert), un engagement secret avec une *compagnie française* d'après lequel de *vastes et riches régions étaient cédées à la France*, furent cause de cette révolution (1).

La veuve de Radama II, Rosoaherina, fut proclamée reine, à la grande satisfaction des Anglais et des vieux Hovas. Son premier acte fut, à l'instigation du ministre Rainivouninahitriniony, de déclarer nul le traité de 1862.

La France, au lieu de commencer immédiatement une action militaire contre les Hovas, perdit de longs mois à négocier le rétablissement du traité ; les pourparlers se terminèrent par le payement à la France d'une indemnité de 906 184 fr. 21 c., le 2 janvier 1866. Pendant toute cette période, des traités de commerce étaient signés entre la reine des Hovas, l'Angleterre et l'Amérique ; le premier ministre, qui favorisait les alliances de son gouvernement avec les nations civilisées, s'opposait à la conclusion d'aucune convention avec la France, malgré les sympathies très vives que Rosoaherina avait con-

(1) Sibree, *Madagascar et ses Habitants*, traduit de l'anglais par H. Monod, pasteur, et Henry Monod, avocat. (Toulouse, Société des livres religieux, in-8°, 1873.)

ervées pour notre consul, M. Laborde, en mémoire de on mari.

La reine mourut le 1er avril 1868, âgée d'environ cinquante ans.

Elle eut pour successeur sa cousine Ramona, qui rit, en montant sur le trône, le nom de Ranavalo II.

Les pourparlers pour la conclusion d'un traité de commerce, repris à l'avènement de la nouvelle reine, se erminèrent le 4 août 1868, par la signature d'un traité déplorable que la France n'aurait jamais dû accepter.

Depuis lors, jusqu'en 1881, nous n'avons qu'un seul fait à enregistrer : la mort de M. Laborde ; le règlement de sa succession devait ramener la question de Madagascar.

M. Laborde, mort à Tananarive le 27 décembre 1878, avait institué pour ses héritiers, et pour parts égales, ses deux neveux, M. Laborde et M. Campan ; celui-ci, chancelier du consulat de France à Tananarive.

Après la mort de M. Laborde, ses héritiers, voulant tirer parti d'un terrain situé dans un des faubourgs de Tananarive, décidèrent d'y élever une maison de rapport ; le gouvernement hova laissa commencer les constructions ; mais, après quelques jours, il fit arrêter les travaux, déclarant aux héritiers qu'ils n'avaient pas le droit de bâtir sur ce terrain, dont, cependant, on n'osait pas encore leur contester la propriété.

A quelque temps de là, MM. Laborde et Campan trouvaient à vendre un grand terrain situé sur la place d'Andohalo, à Tananarive, ainsi que des constructions édifiées sur ce terrain : le consulat et la maison d'habitation des héritiers ; l'acquéreur était le P. Cazet, préfet apostolique de la mission catholique française. C'est alors que le premier ministre déclara hautement, et pour la première fois, que les héritiers n'avaient pas le droit de vendre, que les terres étaient la propriété exclusive de la reine, que M. Laborde, comme tous les autres étrangers de l'île, n'avait que l'usufruit des terres qui lui avaient été concédées ; en même temps, le ministre hova prévenait le P. Cazet que s'il prenait possession des immeubles, le gouvernement lui en contesterait la propriété.

M. Cassas, notre consul, reçu en audience par le premier ministre, lui montra les titres de propriété, dûment signés par quatre témoins, dont un Anglais, un Français et deux des officiers présents à l'audience, et portant le sceau de l'État ; puis, interpellant les deux officiers, il leur demanda s'ils niaient leurs signatures. Le ministre leur intima l'ordre de ne pas répondre à cette question.

— Pourquoi cette défense de parler, demanda-t-on au ministre ?

— Parce que, répondit-il, si ces officiers reconnaissent aujourd'hui leurs signatures en public, ils ne pourraient la nier en d'autres circonstances si besoin est (1).

(1) Nous donnons tous ces détails, qui paraîtront peut-être un

Aussi bien, un autre incident venait de se produire qui avait une bien plus grande importance que le règlement de la succession Laborde : nous voulons parler de l'affaire du boutre *le Touélé*, monté par des Arabes de nationalité française et dont l'équipage avait été assassiné et la cargaison pillée par les Hovas. Le premier ministre essaya bien d'insinuer que le boutre était chargé d'armes et de munitions, considérées comme contrebande ; mais enfin le gouvernement s'exécuta et paya *neuf mille sept cent quarante dollars* que lui réclamait la France.

Le 16 novembre 1881, M. Baudais, nommé consul de la République française, arrivait à Tananarive ; peu de jours après, il apprenait que la reine des Hovas avait remis aux mains des chefs sakalaves des drapeaux hovas, et qu'elle avait envoyé des officiers avec ordre de les arborer sur les territoires à nous concédés en 1840-1841. C'est un M. Parrett, photographe-méthodiste, agent anglais, et Pickersgill, méthodiste à Tananarive, qui avaient mené toute cette affaire, de l'aveu même des chefs sakalaves interrogés depuis.

Aux justes réclamations de notre consul, le premier ministre répondit qu'il ignorait le fait, qu'il ne savait pas de quels traités on voulait parler et qu'il ne savait vrai-

peu longs, pour bien montrer le caractère des Hovas, que certains auteurs se sont plu à dépeindre comme des hommes d'une insigne bonne foi.

ment pas de quels territoires il s'agissait. Les choses prenaient une tournure tellement inquiétante, que M. Baudais se vit contraint de demander au ministre des affaires étrangères de France la mise à sa disposition du navire de guerre en station à Nossi-Bé. « Le gouvernement hova, dit notre consul, pouvant, *mal conseillé* et se croyant sûr de l'impunité par l'absence de toute force navale, se porter aux actes les plus arbitraires. »

Ces prédictions n'allaient pas tarder à se réaliser : le 17 mai, le premier ministre Ravoninahitriniarivo faisait connaître son refus formel d'enlever les pavillons hovas arborés sur nos possessions du nord-ouest. En même temps, des émissaires du gouvernement se répandaient dans la ville, faisant des kabars, et annonçaient partout que les Français allaient s'emparer de l'île et prendre la terre de la reine; que le consul de France avait demandé Tamatave, Majunga, la moitié de l'île et *l'abolition de l'esclavage*. Or, mettre en avant l'affranchissement des esclaves, c'est se rendre odieux à la population tout entière ; la principale fortune des Hovas consiste en esclaves.

Sur un ordre du ministre de la marine, le *Forfait*, commandant Le Timbre, en station à Nossi-Bé, venait à Tamatave, se mettre à la disposition de M. Baudais; celui-ci, en présence des menaces de la population, se décida à quitter Tananarive et à se retirer à Tamatave, pour prendre avec le commandant Le Timbre les mesures que nécessitait la situation. M. Campan, chancelier du con-

sulat, restait à Tananarive et le drapeau français continuait à flotter sur le consulat.

Après avoir pris officiellement congé du premier ministre et du ministre des affaires étrangères hovas,
M. Baudais s'éloigna ; il put atteindre Tamatave le
29 mai, au milieu de difficultés sans nombre, suscitées
par le gouvernement hova pour lui enlever ses porteurs.

M. Baudais se rendit immédiatement à bord du *Forfait*, et après avoir conféré avec le commandant Le
Timbre, il fut convenu que ce dernier se rendrait sans
plus tarder sur la côte occidentale pour enlever les pavillons hovas, arborés, au mépris du droit des gens, par
ordre du gouvernement de la reine. La veille du départ
du *Forfait*, le 11 mai, M. Campan, resté à Tananarive,
avisait M. Baudais que dans la capitale l'agitation allait
toujours croissant : une affiche, proférant des menaces
de mort contre le conseiller et promettant de donner son
corps en pâture aux chiens, avait été posée contre la
porte même du consulat français ; elle était signée *Foloa-
lindahy*, mot à mot : *les cent mille hommes*, c'est-à-dire
l'armée ; or, cette manière de signer était souvent employée par le premier ministre, commandant en chef de
toutes les troupes. La foule amassée devant la porte du
consulat commentait l'affiche, proférant des paroles de
mort contre tous les Français et menaçant de les jeter à
la mer. Notons que, pendant toute cette période, les
Français seuls étaient inquiétés, *pas un seul Anglais n'eut
à se plaindre* des Hovas.

En réponse à la protestation adressée par M. Campan au gouvernement hova, le premier ministre se contenta de déclarer qu'il n'était pour rien dans l'affaire; que son gouvernement ne *donnait pas de pareils ordres*; mais il ne trouva pas un mot d'excuse ou de regret à exprimer au représentant de la France, et ce n'est que dans la journée que le ministre donna des instructions pour que le placard fût arraché.

M. Baudais écrivit alors à M. Campan pour lui donner l'ordre de réunir tous les Français résidant à Tananarive, ainsi que les membres de la mission catholique française; de les mettre au courant de la situation, en les engageant à prendre les mesures nécessaires à leur sûreté personnelle et au besoin à le suivre à Tamatave, où il devait se retirer.

Cependant le commandant Le Timbre avait rempli sa mission : accompagné de M. Seignac-Lesseps, il s'était dirigé sur Ampassimène, village de la reine Binao, dans la baie de Passandava.

La mission que venait d'accomplir le commandant Le Timbre, était des plus délicates; dans les instructions que lui avait transmises le ministre de la marine, il lui était prescrit « de ne recourir à aucun moyen coercitif ». Afin de se conformer en tous points aux ordres qu'il avait reçus, le commandant se présenta en veston de soie blanche et une canne à la main (1). Le 25 juin, le *Forfait* était de retour à Tamatave.

(1) Nous citons ce détail, parce que les Anglais ont dit que

Pendant que les drapeaux hovas étaient enlevés sur la
côte occidentale, M. Baudais, resté à Tamatave, apprenait, le 14 juin, que le directeur de la plantation de café
de la maison Roux de Fraissinet et Cⁱᵉ venait d'être assassiné ; on l'avait trouvé à quatre cents mètres de son
habitation, le cou coupé, la tête ne tenant plus que
par un lambeau de chair. La maison avait été pillée et
saccagée. Le P. Gauchy, de la mission catholique, avait
été insulté à Tananarive, frappé et jeté à bas de son
cheval, et des menaces de mort étaient chaque nuit affi-
chées à la porte de tous les Français.

Notons encore une fois, quitte à être accusé de redite,
que seuls les Français étaient menacés et que les Anglais établis dans l'île jouissaient de la plus entière sé-
curité.

Fort inquiet de la situation, M. Baudais écrivait le
4 juillet à M. de Freycinet, ministre des affaires étrangères, pour lui rendre compte des faits que nous venons
d'indiquer.

La dépêche était à peine expédiée que, le 7 juillet,
M. Baudais recevait la lettre suivante :

Antananarivo, 1ᵉʳ juillet 1882.

Monsieur le commissaire, comme vous êtes le représentant du
gouvernement de la République française à Madagascar, j'ai l'hon-

M. Le Timbre n'avait pas grand mérite à enlever les drapeaux devant
des populations qui ne pouvaient se défendre contre les *Français en
armes.*

neur de vous informer que, selon la bonne amitié qui existe entre le gouvernement français et celui de la reine de Madagascar, S. M. la reine de Madagascar enverra un ambassadeur pour visiter le gouvernement de la République française ainsi que les autres gouvernements amis.

Agréez, etc...

Signé : RAVONINAHITRINIARIVO.

Toutes les opérations et tous les pourparlers se trouvaient suspendus par ce fait ; c'est le seul but poursuivi par le gouvernement hova ; malgré son aveugle confiance dans ses conseillers, il sentait qu'il avait été trop loin ; qu'il avait lassé la longanimité dont la France avait fait preuve à son égard, et que, peut-être, elle allait exercer contre lui de justes et sévères représailles.

Partie de Tamatave le 18 août, à bord du navire français *le Touareg*, l'ambassade arriva à Marseille le 7 octobre 1882, et fut immédiatement conduite à Paris, où l'amiral Peyron, M. Decrais et M. Billot reçurent la mission de conférer avec les envoyés hovas.

Nous ne ferons pas le récit des conférences tenues à Paris. Fidèles aux leçons que leur avaient inculquées leurs conseillers, les ambassadeurs déployèrent toutes les subtilités que peut inspirer la diplomatie asiatique ; en résumé, les pourparlers furent rompus et les ambassadeurs malgaches se rendirent à Londres.

Après les événements que nous venons de raconter, il n'y avait plus à atermoyer, il fallait agir. M. de Mahy, alors ministre par intérim de la marine et des colonies, faisait partir l'amiral Pierre, lui donnant comme instructions de chasser les Hovas de toute la côte, depuis Majunga jusqu'à la baie d'Antongil.

Le 15 février 1883, le contre-amiral Pierre quittait Toulon sur la *Flore*; le 16 mai, les Hovas étaient chassés de la côte nord-ouest et Majunga reprise de vive force. Arrivé le 31 mai à Tamatave, l'amiral Pierre faisait remettre, le 1er juin au matin, l'ultimatum au gouvernement hova; cet ultimatum, rédigé par M. Ch. Brun, ministre de la marine et des colonies, et par M. Challemel-Lacour, ministre des affaires étrangères, demandait aux Hovas de reconnaître nos droits et d'accorder satisfaction aux héritiers Laborde, sinon Tamatave serait bombardé et occupé par les Français. Une réponse négative étant arrivée le 9 au soir, le 10 au matin le feu était ouvert sur les défenses de Tamatave par la *Flore*, le *Forfait*, le *Beautemps-Beaupré*, le *Boursaint*, la *Creuse* et la *Nièvre*. Le mouvement de retraite des Hovas commença aussitôt; dans l'espace d'une demi-heure, les forts étaient abandonnés et la campagne couverte de fuyards. Le lendemain, la ville était occupée militairement, et le drapeau français flottait sur le fort.

Pendant le bombardement de Tamatave, le navire anglais la *Dryad*, capitaine Johnstone, s'étant avancé dans les lignes d'attaque de la flotte française, l'amiral Pierre dut pour le faire retirer, lui adresser deux invitations amicales, et enfin une sommation formelle. « Il a obéi, dit l'amiral Pierre dans son rapport, mais en se ménageant, aux yeux des Hovas, à qui il avait promis de s'interposer, l'apparence d'une retraite en échelons. »

Le 15, trois jours après la prise de Tamatave, M. Shaw, méthodiste anglais, habitant une maison en dehors de la ville, demandait que sa demeure fût occupée par un détachement français; quand, se rendant à son désir, l'officier arriva avec ses hommes, il trouva, dispersées dans le jardin, plusieurs bouteilles contenant du vin empoisonné. Arrêté aussitôt, M. Shaw fut transporté à bord de la *Nièvre*. Mais les confrères de M. Shaw ne restèrent pas inactifs : ils firent des démarches à Londres et à Paris, et, après deux mois de prison préventive, M. Shaw bénéficia d'une ordonnance de non-lieu; on n'avait pu rassembler contr elui des preuves suffisantes, a-t-on dit ; et puis, le brave et regretté amiral Pierre, qui venait d'être désavoué par le gouvernement pour sa conduite énergique vis-à-vis du capitaine Johnstone, ressentait déjà les atteintes du mal qui devait l'emporter quelques jours après. Eut-il un moment de faiblesse ? toujours est-il que M. Shaw fut relaxé et que la France lui paya une indemnité de 25 000 francs. C'est pour reconnaître cette excessive indulgence de l'amiral que M. Shaw le calomnia indignement et essaya de souiller la mémoire de ce brave officier, mort à la peine en faisant respecter les droits de la France sur Madagascar et en osant lutter ouvertement contre les menées de l'Angleterre.

Pendant que ces faits se passaient, Tananarive était le théâtre d'autres événements : à la nouvelle de l'occupation de la côte nord-ouest par l'amiral Pierre, et de

sa marche sur Tamatave, connue à Tananarive le
21 mai, une grande agitation se manifesta dans la ville.
Un conseil fut tenu au palais; il était composé du premier ministre, président; du missionnaire-photographe
Parrett, dont nous avons parlé plus haut, son conseiller
ordinaire, et de méthodistes anglicans. L'expulsion des
Français de la capitale y fut décidée; on leur donnait
jusqu'au 30 mai pour se mettre en route.

Tous les Français habitant la capitale, ainsi que le
personnel de la mission, hommes et femmes, durent faire
la route à pied, 100 lieues environ, les porteurs ayant,
par ordre, refusé leur concours à des gens ayant en-
couru la disgrâce de la reine. Ils marchaient précédés
d'une troupe de soldats insolents, et n'arrivèrent à Tamatave que le 23 juin.

Quelques jours après ces événements, l'amiral Pierre
était obligé d'abandonner le commandement de la division et se rendait à Bourbon, pour de là gagner la
France; nos lecteurs savent qu'il n'eut même pas la
joie de revoir sa patrie, et qu'il expira quelques jours
avant son arrivée à Marseille, qui lui fit de splendides
funérailles. Nous rendons ici un public hommage
d'admiration à la mémoire de l'amiral Pierre, à son
savoir, à sa bravoure et à sa grande énergie. Plus
tard, quand la France sera rentrée en possession de
Madagascar, elle comprendra la dette de reconnais-
sance qu'elle a contractée envers lui et envers ceux
qui ont su l'envoyer avec des instructions formelles et

l'ordre d'agir énergiquement ; elle reconnaîtra que c'est
à eux qu'elle doit d'être rentrée en possession de Madagascar et d'avoir reconquis sa plus belle colonie.

Le 13 juillet, le commandant Rallier, qui remplaçait
l'amiral, avisait le ministre de la marine de la mort de
la reine des Hovas et de l'avènement de sa nièce, Raza-
feudrehezi, sous le nom de Ranavalo III.

Vers la même époque, et sur leur demande, les habitants de la Réunion étaient autorisés à former des compagnies de volontaires, destinées à venir en aide aux
troupes régulières dans leur action contre les Hovas.
Nous envoyons toutes nos sympathies à nos compatriotes
de Bourbon. Le spectacle de ces jeunes hommes qui
vont aider leurs frères de la mère patrie à agrandir son
empire colonial, à asseoir sa prépondérance dans la mer
des Indes, nous console un peu des tirades déclama-
toires de ceux qui voudraient voir notre influence mari-
time bornée à la Méditerranée et qui feignent de ne pas
comprendre ce que nous allons faire à Madagascar.

M. le contre-amiral Galiber, récemment encore ministre de la marine et des colonies, avait pris depuis peu
de temps le commandement de la division navale de la
mer des Indes, lorsque le 15 octobre 1883, deux officiers
hovas se présentèrent aux avant-postes français, porteurs d'une lettre du premier ministre, demandant à reprendre les négociations.

Il est difficile de s'imaginer quelque chose de plus
puéril que ces conférences ; ce sont d'abord les plénipo-

tentiaires hovas qui n'ont point de pouvoirs écrits, et qui discutent pendant des heures entières pour fixer le jour de la prochaine séance.

Dans une deuxième réunion, les envoyés de la reine ne se souviennent plus exactement des termes de l'ultimatum ; ils veulent reprendre la discussion commencée à Paris et proposent de trancher la question en offrant une somme d'argent. Enfin, rupture des négociations.

C'est toujours le même système d'atermoiements, de lenteurs, pour gagner du temps et fatiguer les adversaires. Le gouvernement de la reine des Hovas était encouragé dans cette voie par les conseillers anglais, qui disaient aux ministres que la France ne peut ni ne veut marcher en avant ; qui exploitaient auprès de ces populations les discours de quelques-uns de nos députés, les articles de certains journaux, les livres écrits contre les droits de la France, et surtout nos vaines menaces de marcher sur la capitale.

C'est ainsi que les Hovas ont pu gagner les premiers mois de l'année 1884.

Pendant cette année, l'amiral Miot, qui venait de prendre le commandement de nos forces maritimes à Madagascar, remportait plusieurs succès sur les Hovas ; mais cela n'était pas assez : il fallait marcher sur Tananarive, s'emparer de la capitale et, là, dicter des conditions à la reine des Hovas.

Malheureusement, nos Chambres, pour des raisons politiques que nous n'avons pas à apprécier ici, ne crurent pas devoir voter les fonds nécessaires et, dans sa séance du 22 février 1886, la Chambre des députés approuvait le traité intervenu, le 17 décembre 1885, entre la reine des Hovas et la République française, clôturant ainsi, et pour peu de temps, nous le craignons, la question de Madagascar.

Nous nous sommes peut-être un peu longuement étendu sur cette première partie de notre travail ; mais le lecteur nous pardonnera en faveur du but que nous poursuivons : c'est-à-dire l'agrandissement de la puissance de notre chère patrie et l'ardent désir de dévoiler les sourdes menées des ennemis de la France.

CHAPITRE V

Situation géographique. — Étendue. — Orographie. — Montagnes.
— Cours d'eau. — Lacs. — Division politique. — Villes princi-
pales. — Climat. — Saison sèche. — Hivernage. — Vents. —
Orages. — Ouragans. — Raz de marée. — Salubrité.

La grande île de Madagascar est située dans l'océan
Indien, sur la côte orientale de l'Afrique, dont elle est
séparée par le canal ou détroit de Mozambique, large de
quatre-vingt-cinq lieues. L'île suit une direction un peu
oblique, avec orientation du nord quart nord-est, au sud
quart sud-ouest.

Dans sa plus grande longueur, elle mesure *neuf cent
soixante-quinze* milles, ou *quinze cent soixante-sept* kilomètres. Sa largeur varie entre *quatre cents* et *quatre
cent quatre-vingt-deux* kilomètres ; « sa superficie, dit
M. Grandidier, peut être évaluée à *cinq cent quatre-vingt-
dix mille* kilomètres carrés, chiffre supérieur à celle de la
France, qui ne compte aujourd'hui que cinq cent vingt-
huit mille cinq cent soixante-seize kilomètres carrés.
Même avant la guerre de 1870, la superficie totale de la
France était inférieure à celle de Madagascar. »

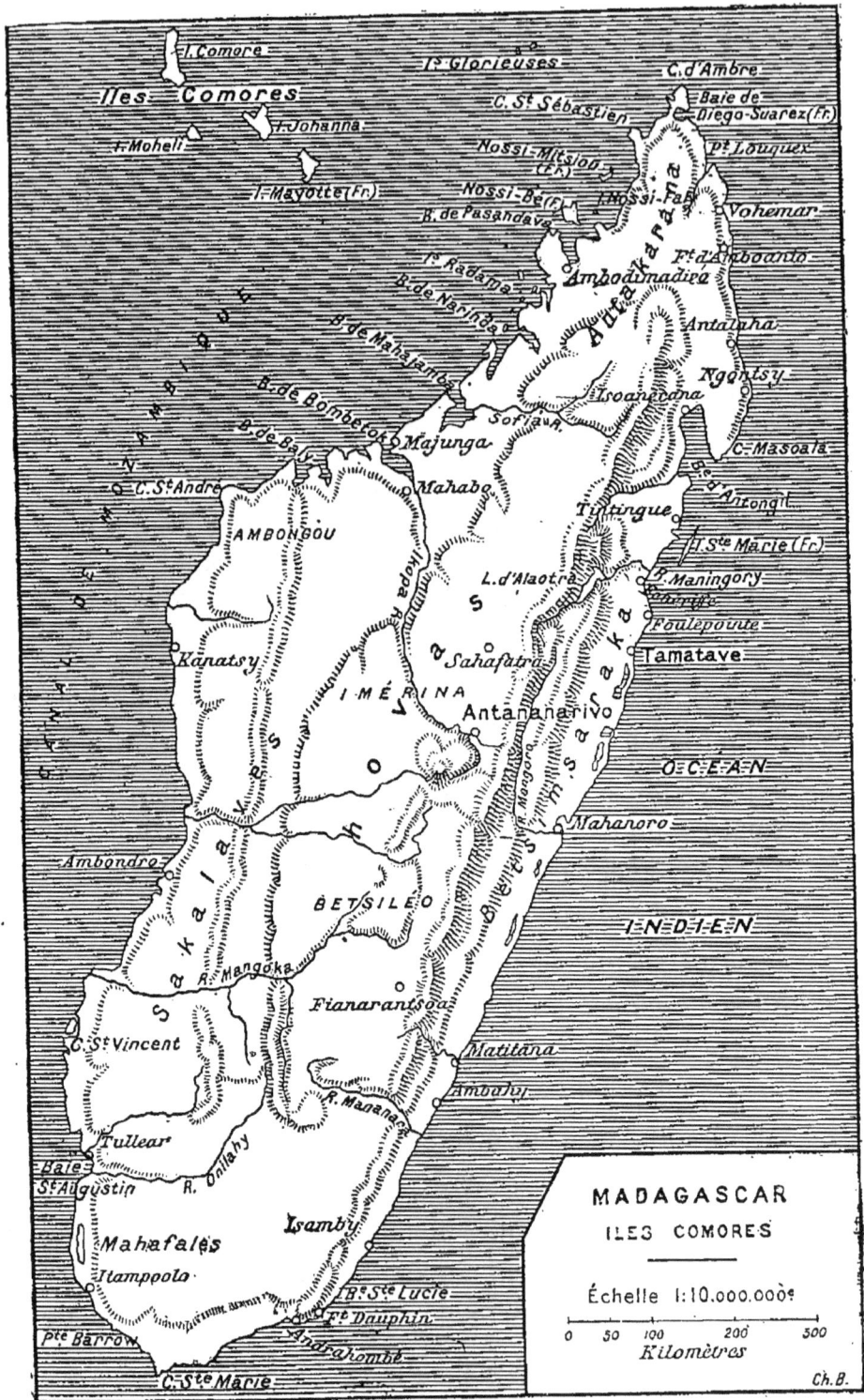

I. Comore

Iles Comores

I. Moheli

I. Johanna

I. Mayotte (Fr)

I.ts Glorieuses

C. St Sébastien

Nossi-Mitsjoo (Fr.)

Nossi-Bé (F.)

B. de Pasandava

I. Radama

B. de Narinda

B. de Mahajamba

B. de Bombetok

B. de Baly

C. St André

C. d'Ambre

Baie de Diego-Suarez (Fr.)

Pt Louquex

I. Nossi-Fali

Fort d'Amboanio

Vohemar

Ambodimadiro

Antalaha

Ngontsy

Tsoanacana

Sorfia A.

Majunga

Mahabo

AMBONGOU

Kanatsy

Ropa Kely

IMÉRINA

C. Masoala

B. d'Antongi

Tintingue

I. Ste Marie (Fr)

B. Maningory

Foulepointe

Tamatave

Antananarivo

L. d'Aiaotra

Sahafatra

S

a

r

a

k

a

O·C·É·A·N

Ambondro

Sakalavas

R. Mangoka

BETSILEO

R. Mangoro

Mahanoro

I·N·D·I·E·N

C. St Vincent

Fianarantsoa

Matitàna

Tullear

Baie St Augustin

R. Onilahy

R. Mananara

Ambalaj

Mahafalès

Itampolo

Isamby

B. Ste Lucie

Ft Dauphin

Pte Barrow

Andrahombé

C. Ste Marie

MADAGASCAR

ILES COMORES

Échelle 1:10.000.000°

0   50   100   200   300
Kilomètres

Ch. B.

Au point de vue astronomique, Madagascar est comprise entre les 11°57′ et 25°45′ de latitude sud et les 40°21′ et 48°10′ de longitude est de Paris.

Madagascar est située à 150 lieues de notre colonie de la Réunion, à 3380 lieues du port de Brest en touchant à Bourbon et à vingt jours de Paris par le canal de Suez.

Du cap d'Ambre, au nord, à Fort-Dauphin, au sud, la côte orientale de l'île forme une ligne presque droite ; la seule découpure importante du littoral est la baie d'Antongil, qui pénètre profondément dans les terres et forme le cap Masoala. La côte occidentale, au contraire, est sinueuse et forme de nombreuses échancrures du cap d'Ambre au cap Saint-André, en suivant une direction sud-ouest ; du cap Saint-André au cap Saint-Vincent, le littoral est moins accidenté ; mais à partir de la baie de Saint-Augustin, il décrit une courbe immense pour aller rejoindre Fort-Dauphin et constituer la partie méridionale de l'île.

En suivant les contours de l'île du nord au sud, on rencontre sur la côte orientale les caps et baies suivantes : le cap d'Ambre, pointe extrême de l'île au nord ; la baie de Diego-Suarez, que l'on a appelée avec raison la plus belle du monde ; le Port-Luquez ; le cap de l'Est ou Nontzy ; la baie d'Antongil et le cap Masoala ; la baie de Sainte-Lucie et le cap Itaperina, où s'élève Fort-Dauphin, berceau de nos établissements ; et enfin, à l'extrémité sud, le cap Sainte-Marie.

En remontant la côte occidentale, c'est d'abord le cap Barrow, la baie de Saint-Augustin, le cap Saint-Vincent, le cap Saint-André. Puis, les baies de Baly, de Bombetok, de Mazamba, de Narinda, de Rafala, de Passandava, et enfin le cap Saint-Sébastien.

Un grand nombre d'îles entourent la côte septentrionale de Madagascar ; ce sont d'abord les Comores, puis, plus près du littoral et toujours à l'ouest, Nossi-Bé, Nossi-Mitsiou, Nossi-Falli et Nossi-Cumba, possessions françaises. Sur la côte orientale, Sainte-Marie de Madagascar, également colonie française.

Une haute chaîne de montagnes traverse l'île dans toute sa longueur, du cap d'Ambre à Fort-Dauphin, en longeant la côte orientale, avec ramifications à l'ouest. Cette chaîne partage l'île en deux parties inégales, fort élevée au centre,—le point culminant atteint environ *trois mille mètres*, — l'arête va s'abaissant vers les extrémités et ses nombreux contreforts sont fréquemment coupés de vallées fertiles et boisées. Les hauts plateaux et les flancs de la montagne sont couverts d'épaisses forêts et d'une végétation luxuriante. Trois rameaux se détachent de cette chaîne principale : l'un, au nord, prend le nom de monts Ankara ; le second occupe le centre de l'île et forme l'Ankaratra ; le troisième, l'Ambohistmena, occupe la partie méridionale de Madagascar et vient finir aux environs de Fort-Dauphin.

En somme, Madagascar présente deux régions bien distinctes : la région montagneuse, qui se prolonge dans toute l'étendue de la côte est, descendant presque jusqu'à la mer en pentes abruptes et boisées ; une région relativement plate, formant une succession de plateaux qui entourent les montagnes et s'étendent vers l'ouest, occupant la majeure partie de l'île.

Ces mouvements du sol, ces alternatives de hautes montagnes, de profondes vallées, de grandes plaines, donnent à tout le pays un aspect des plus pittoresques.

« Vu de la mer par un ciel sans nuage, dit M. de La Vaissière, le pays apparaît comme un magnifique amphithéâtre de verdure, s'élevant à l'extrémité d'une plaine d'étendue variable et assez fertile. Mais quand on a mis pied à terre et qu'on s'avance dans l'intérieur, l'illusion s'évanouit et l'on se trouve en réalité au milieu d'un sol étrangement tourmenté. Ce n'est pas à dire que les plaines manquent entièrement ; mais les mamelons et les coteaux, séparés entre eux par des vallées étroites et assez profondes, y sont bien plus fréquents. S'étageant les uns au-dessus des autres, ils ont bientôt porté le voyageur qui les franchit pour arriver au centre de l'île à des hauteurs de plus de 2 000 mètres au-dessus du niveau de la mer. »

De ces hauteurs descendent d'innombrables cours d'eau qui traversent les plaines et les fertilisent ; ils vont, à l'est et à l'ouest, porter leurs eaux à l'Océan, formant à leur embouchure une multitude de petites baies. Sur la côte orientale, ces fleuves ou rivières torrentielles, dont les bouches sont souvent encombrées de sables et d'alluvions, ont donné naissance à une centaine de lagunes qui, sur un espace de plusieurs centaines de kilomètres, s'étendent le long du rivage ; ils ne sont séparés de la mer que par d'étroites langues de terrain, et l'espace qui les divise est parfois si restreint, que de loin on croirait voir une rivière immense longeant le littoral.

Les plus importants de ces cours d'eau sont, à l'est : le *Tingbale,* qui a son embouchure au fond de la baie d'Antongil ; le *Manahar,* le *Manangourou,* l'*Onibé,* le *Mangourou,* probablement la seconde des rivières de Madagascar. Son cours est d'environ 400 kilomètres ; elle descend, ainsi que le Manangourou, du point culminant du plateau inférieur, et leurs sources paraissent voisines.

Le *Mananzari,* le *Namour,* le *Faraon,* le *Matitanana,* cette dernière aussi sainte pour les Malgaches que le Gange pour les Indiens ; elle a donné son nom à la province qu'elle arrose. *Matitanana,* dans la langue du pays, est composé de deux mots : *mati,* mourir, mort, et *tanana,* main ; *rivière de la main morte.* Les traditions racontent, sur l'origine de cette dénomination étrange, la légende suivante : Deux géants se querellaient, séparés par la rivière ; l'un d'eux réussit à saisir la main de son adversaire et la serra si violemment, qu'elle se détacha et tomba dans la rivière, qui depuis a gardé le nom.

Le *Mananghare,* dont les sources se cachent dans les hautes vallées de l'Ibara, chez les Vourimes, et qui peut avoir une centaine de lieues de développement.

A l'ouest : l'*Ongn'lahé*, qui se jette dans la baie de Saint-Augustin ; le *Sango,* le *Mandéboulo,* l'*Ounara,* la grande rivière de l'*Ambongou;* le *Betsibouka,* qui débouche dans la baie de Bombetok et reçoit l'*Ikoupa,* longue de plus de 400 kilomètres depuis sa source dans la montagne d'Angaro jusqu'à son confluent.

Nous avons déjà parlé des lacs ou lagunes qui se trouvent sur le littoral ; les uns sont isolés et séparés par des isthmes appelés *pangalane* (littéralement : *où l'on fait son chemin*), les autres communiquent entre eux ou avec les rivières voisines. Un des plus grands de ces lacs côtiers est le lac de Nossi-Bé, qui a 35 lieues de tour ; au centre, s'élèvent plusieurs îlots, dont l'un fut, suivant les Malgaches, le séjour d'une sorcière fameuse dans les traditions du pays, et qui leur inspire encore aujourd'hui une telle frayeur, que les rameurs ne parlent jamais en traversant le Nossi-Bé.

Le lac est séparé du lac d'*Iranga* par une terre appelée *Tanfoutchi,* terre blanche ; ce nom rappelle encore une légende :

Il existait autrefois en ce lieu, disent les habitants, un serpent monstrueux, un *fangane* terrible, qui dévorait les hommes et les bœufs. Ses dimensions étaient telles, qu'il pouvait envelopper dans ses replis jusqu'à des villages de trois cents familles ; les habitants investis de cette façon étaient atteints par les sept dards dont sa langue était armée, et périssaient d'une mort affreuse. La désolation était à son comble, quand Dérafif, le bon principe, parut dans le canton et résolut de le délivrer de ce fléau destructeur. A cet effet, il ordonne qu'on lui fabrique une serpe proportionnée à la taille du monstre. Muni de cette arme gigantesque, il épie l'instant où le fangane se livre au sommeil, l'attaque, le tue, divise son corps en tronçons qu'il disperse dans toute la contrée. La caverne où se retirait le serpent, l'étang où il se baignait, se voient encore à Tanfoutchi, langue de terre, qui n'a pris, disent les naturels, cet aspect argileux et blanchâtre d'où lui vient son nom, que parce qu'elle était le passage du fangane. Citons encore le lac *Iranga* et le lac *Rassouabé,* qui a 50 ou 55 kilomètres de tour.

Outre ces lacs côtiers, il en existe plusieurs autres dans l'intérieur, mais ils ne sont qu'imparfaitement connus. Les plus étendus sont : l'*Ihotry,* dans la partie nord du pays de Féérègne ; l'*Alaotra,* dans l'Antsianak, le *Safe,* l'*Itasy,* fameux pour l'excellence de son poisson. Enfin, à l'ouest de la baie de Bombetok, le lac *Kinkouni,* qui déverse ses eaux dans la *Mandzaraï.*

Les Hovas, dans leur prétention de dominer l'île tout entière, l'ont divisée en *vingt-deux* provinces, dont la disposition se présente, en allant du nord au midi, comme suit :

Dix le long de la côte orientale : *Vohimarina, Maroa, Ivongo, Mahavelona, Tamatave, Bétanimèna, Anteva, Matitanana, Vangaïdrano, Anossy.*

Cinq sur la côte occidentale : *Bouéni, Ambongou, Ménabé, Féérègne, Mahafaly.*

Tananarive, vue prise de l'ouest.

Sept occupent le centre : *Antsianak, Ankaye, Ankove, Betsileo, Ibara, Tsienimbalala, Androy.*

A cette division politique arbitraire répond une division ethnographique plus vraie, parce qu'elle se rattache à l'histoire même du pays et surtout à la différence des races qui l'occupent ; nous l'étudierons dans le chapitre que nous consacrons aux populations. Dès maintenant, cependant, nous pouvons dire que l'île se divise en deux parties bien distinctes : la partie soumise aux Hovas et la partie indépendante.

Toute la région située à l'est du 44° de longitude et au nord du 22° de latitude est soumise aux Hovas, moins les habitants du pays compris entre Manafiafe et la rivière Ménanare, qui ont secoué le joug, ainsi que les Sakalaves, qui vivent dans les baies de Marinda, Mazangaye et sur les côtes voisines.

Toute la partie ouest et méridionale de Madagascar, à l'exception du Ménabé, est indépendante.

A Madagascar on ne compte que peu de villes importantes :

Tananarive, capitale des Hovas et chef-lieu de la province d'Imerina, dit M. Grandidier, couvre trois collines allongées du nord au sud, qui se suivent et s'élèvent de 190 mètres environ au-dessus de la plaine de Betsimitatatra : la hauteur du point culminant au-dessus du niveau de la mer est de 1 500 mètres. Cette ville contient environ 20 000 maisons ou huttes et plus de 100 000 habitants. Les maisons qui, pour la plupart,

sont en bois, briques cuites au soleil et roseaux, s'éche-
lonnent les unes au-dessus des autres sur les pentes
abruptes de ces collines. La palais de la reine, qui domine l'Ampamarinana, énorme rocher à pic d'où l'on
précipitait autrefois les gens accusés de sorcellerie et
les chrétiens, s'élève au-dessus de tous les autres édi-
fices et comprend dans son enceinte diverses maisons
dont une en pierre, le Manjaka-miadana, et les autres
en bois, le Trano-vola, le Besakana, le Masoandro, le
Manampisoa, les tombeaux de Radama et de Rosoaherina
et le Temple.

« Il y a à Tananarive treize temples protestants et
seulement quatre églises catholiques.

« Tananarive ne peut en rien être comparée à une
capitale européenne. Elle ne diffère des autres villes
malgaches que par son étendue : elle est bâtie sur une
colline qui a pris son nom, sous le règne de Dianampo-
nine, du nombre de cases qu'elle était supposée contenir
à cette époque. *Tanan* signifie village, et *Arivo*, mille,
mots que l'on fait précéder dans la transcription de la
particule *Any*, là. Antananarive signifie donc : là, mille
villages.

Fianarantsoua (10 000 hab.).

Tamatave (7 500 hab. d'après M. Grandidier et 15 000
d'après les méthodistes anglais), sur la côte orientale,
avec un bon port ; une longue jetée, qui de la mer vient
jusqu'au rivage, diminue l'effet de la *barre* qui se fait

sentir sur toute la côte et rend l'entrée de beaucoup de ports très difficile.

Le palais de la reine à Tananarive.

Mazangaye ou *Majunga* (6 000 hab.), sur la côte occidentale, possède la meilleure rade de toute cette région.

Foulpointe (4 000 hab.).

Citons encore : *Andovoranto,* sur la côte orientale ; son port est d'un accès peu commode à cause de la barre.

Mahanoro, à l'embouchure du Mangourou, une des plus grandes rivières de Madagascar.

Ngomy, Sambara, Vohémar et *Tulia* ou *Tolear.*

Toutes les autres villes ne sont, à proprement parler, que des bourgs occupés par une seule et même famille. Les villages les plus importants ne contiennent pas plus d'un millier d'habitants, et la plupart ne dépassent certainement pas le nombre de vingt feux.

Dans l'intérieur, les villes habitées par les Hovas ont un caractère spécial : elles sont généralement fortifiées et bâties sur des éminences ; cette disposition particulière a deux buts : d'abord de faciliter les moyens de défense contre les autres tribus indigènes, et ensuite d'éviter les émanations qui, dans la région des plaines, occasionnent des fièvres auxquelles les Hovas sont très sujets. Les fortifications sont des plus sommaires : autour de la ville, un mur circulaire de terre battue, de quinze à vingt pieds d'épaisseur à la base ; la partie supérieure est creusée et forme comme une galerie percée d'embrasures. Des portes, taillées dans le mur même, permettent l'entrée et la sortie des villes.

Les maisons sont presque toutes en bambou, couvertes avec les feuilles d'une sorte de palmier appelé *l'arbre du voyageur (Urania speciosa)*. Quelques-unes, cependant, sont en bois ou en pisé, mais c'est l'exception. La cheminée se compose d'une caisse en bois remplie de sable, sur lequel on allume le feu ; il est vraiment étonnant qu'avec un semblable appareil les incendies ne soient pas plus fréquents. Ils sont rares, mais quand ils éclatent au milieu de ces demeures de bambou, le feu ne s'arrête que lorsqu'il n'y a plus rien à consumer ; personne, du reste, ne songe à arrêter le fléau ; chacun s'empresse de fuir, essayant d'enlever de sa maison ce qu'il a de plus précieux, et le bagage est léger.

Cette insouciance et cette incurie des Malgaches se montrent partout. Ce qu'on est convenu d'appeler les travaux publics n'existe pas à Madagascar ; on ne trouve ni grandes routes, ni ponts, ni canaux d'irrigation ; chacun fait sur ses terres les travaux nécessaires à leur entretien, y trace un chemin, y amène l'eau de quelque rivière voisine, ou établit une passerelle sur le cours d'eau qu'il doit traverser ; mais personne ne fait rien dans l'intérêt général.

Voyager n'est pas chose commode dans ces contrées ; il faut se faire transporter dans des hamacs suspendus à une perche que des porteurs soutiennent sur leurs épaules ; quant au gîte, dans les villages, il n'en existe pas à proprement parler ; on a bien dit que sur le chemin frayé de Tananarive à Tamatave, on avait construit des abris (*lapa*) ; ces lapas n'ont pas été bâtis pour les voyageurs, mais bien pour recevoir les marchandises de la reine et du premier ministre. Si ces hangars ont parfois rendu quelques services aux voyageurs, c'est un fait purement accidentel, et que n'avaient pas en vue ceux qui en ont ordonné la création.

Après ce que nous avons dit de l'étendue et de la conformation physique de Madagascar, il n'y a pas lieu de s'étonner de la diversité de climats qui règnent dans l'île.

Si la chaleur est étouffante sur les côtes, les hauts plateaux et les vallées de l'intérieur jouissent d'une température modérée et souvent même très fraîche. Le froid y est assez vif de juin à septembre et souvent très piquant en décembre et en janvier, qui sont l'été de ces pays.

Les cimes de l'Ankaratra se couvrent de glace et la grêle y tombe en abondance.

Les côtes et les deux versants de l'île sont soumis au régime climatérique des pays tropicaux. L'année s'y divise en deux saisons : la *saison sèche* ou *bonne saison*, et la *saison pluvieuse* ou *hivernage*, que Flacourt appelait la *hors saison*.

La saison sèche commence en mai et finit vers le milieu d'octobre ; la chaleur est alors tempérée, de fortes brises, soufflant pendant le jour, renouvellent et purifient l'air.

La saison pluvieuse, ou hivernage, commence vers la fin du mois d'octobre et dure jusqu'à la fin du mois d'avril.

C'est pendant janvier et février que la chaleur

atteint son maximum et que le climat est le plus malsain dans les endroits marécageux.

Les vents soufflent à des époques fixes suivant des directions connues; ils se divisent en *mousson* de nord-est et de sud-ouest. Sur la côte orientale les vents règnent presque constamment du nord-est; les vents du sud sont très rares.

Sur la côte occidentale la brise du nord-est règne perpétuellement d'octobre en avril; le reste de l'année, elle varie du sud à l'ouest depuis midi jusqu'au soir, pendant la nuit, elle passe du sud à l'est et le matin se fixe dans cette direction.

C'est de la terre que viennent la plupart des orages: les nuages, refoulés le jour sur les montagnes, y forment le soir une large bande bleue bien connue des navigateurs, puis, violemment repoussés vers le large, ils éclatent en éclairs et en coups de tonnerre.

Les ouragans n'exercent jamais leurs ravages sur une grande étendue de terrain; comparés à ceux qui ravagent Maurice et la Réunion, ce ne sont que de simples rafales.

Les raz de marées sont assez fréquents sur les côtes de Madagascar; mais sur toute la côte est de la baie, de Diego-Suarez au Fort-Dauphin, la mer ne s'élève guère de plus d'un mètre dans les plus fortes marées, tandis que sur la côte occidentale la mer monte de deux ou trois mètres.

Les Malgaches comptent aussi deux saisons principales,

l'été ou hivernage, *lohataona*, et le *ririny* ou saison sèche, et divisent l'année en douze mois :

Janvier	*Alsia.*
Février	*Volasira.*
Mars	*Volamposa.*
Avril	*Volamaka.*
Mai	*Hiahia.*
Juin	*Sakamasay.*
Juillet	*Sakavé.*
Août	*Volambila.*
Septembre	*Asaramanta.*
Octobre	*Asarabé.*
Novembre	*Vatravratra.*
Décembre	*Asotry.*

Mais la majeure partie des Malgaches ne se servent pas de ce calendrier ; ils désignent chaque mois de l'année (*volana*) par les travaux auxquels ils se livrent, à chaque lunaison, pour la culture du riz.

Les jours de la semaine ont les noms suivants (aucun n'est férié, chacun prend son repos quand il veut) :

Dimanche	*Alahady.*
Lundi	*Alatsinainy.*
Mardi	*Talata.*
Mercredi	*Alarobia.*
Jeudi	*Alakamisy.*
Vendredi	*Zoma.*
Samedi	*Sabotsy.*

Il ne nous reste plus maintenant qu'à parler de l'insalubrité du climat de Madagascar. On a répété contre la

grande île africaine l'argument tant de fois employé
contre nos autres colonies intertropicales : le climat prétendu terrible de Madagascar a servi à cacher bien des
fautes, et ceux qui lui ont fait cette réputation, ou ne
connaissaient pas l'île, ou avaient un intérêt à exagérer
son insalubrité.

La vérité est que les terres basses et noyées, les régions marécageuses de la côte orientale sont à certaines
époques de l'année des foyers d'infection d'où se dégagent des miasmes qui engendrent des fièvres assez sem-
blables à celles de la Zélande et de Rochefort; mais elles
sont loin de présenter un caractère aussi dangereux que
celles qui règnent dans certaines de nos possessions de
l'Afrique.

Cette insalubrité même est localisée à la côte orientale : le littoral ouest, toute la région septentrionale de
Madagascar, et notamment la baie de Diego-Suarez en
sont exempts. Il en est de même lorsqu'on pénètre dans
l'intérieur des terres.

L'influence morbide des côtes ne se fait pas sentir à
plus de dix lieues dans le pays ; à cette distance de la
mer, le sol est plus élevé, l'air est plus sain et la salubrité des hauts plateaux de l'intérieur est renommée à
juste titre.

En résumé, nous ne pouvons mieux faire que de citer
à cet égard l'opinion de M. de La Vaissière qu'un séjour
de vingt-cinq ans à Madagascar a mis à même de juger
la question en toute connaissance de cause.

« Les fièvres paludéennes, dit-il, règnent, il est vrai,
sur les côtes de Madagascar ; il semble, toutefois, qu'auprès de celles qui sévissent sur les côtes orientales et
occidentales d'Afrique, nos fièvres malgaches soient
moins tenaces et plus bénignes. L'emploi rationnel de
la quinine et de purges prises de temps à autre, selon
les besoins de chaque constitution, mais surtout la fuite
des excès de boisson et des divers abus de ce genre, si
funestes dans les climats chauds, permettent aux Européens de séjourner à Madagascar un temps beaucoup
plus considérable que les autres colons de la terre d'A-
frique, sans éprouver le besoin de revenir en Europe
refaire leur santé. Nous oserions presque dire que
Madagascar ne le cède guère en salubrité à Maurice et
à la Réunion, ces deux îles sœurs autrefois si saines,
mais ravagées depuis 1867 par les mêmes épidémies de
fièvres paludéennes et par des épidémies analogues ; nous
croyons même qu'elle l'emporte en ce point sur nos
petites colonies de Mayotte, Nossi-Bé et Sainte-Marie
de Madagascar.

« La grande île africaine ne mérite donc pas, selon
nous, aussi exclusivement qu'on veut bien le prétendre
en certains ouvrages, l'injurieuse appellation de cimetière
des Européens. Madagascar subit le sort de toutes les
terres d'Afrique ; c'est tout ce qu'on est en droit de dire
contre sa salubrité. »

S'il était besoin d'ajouter quelque argument nouveau à
l'opinion de M. de La Vaissière, nous pourrions citer

l'exemple des nombreux Européens qui, depuis des années, habitent Madagascar, et surtout les ministres protestants anglais, dont quelques-uns vivent depuis plus de vingt ans dans l'intérieur de l'île. A notre époque, ce sont eux qui, dans un but facile à comprendre, ont le plus contribué à répandre en France la triste réputation d'insalubrité que l'on prête à Madagascar.

CHAPITRE VI

Population de Madagascar. — Chiffre de la population. — Différentes tribus, leur répartition sur l'île. — Caractères physiques et
moraux des Malgaches en général. — Les Hovas.

La population de Madagascar n'est pas composée d'une
race unique formant une nation homogène et unie ; mais
bien de petites peuplades juxtaposées et qu'aucun lien
national ne relie entre elles.

Au chapitre précédent, nous avons indiqué les divi-
sions politiques de Madagascar, et divisé les habitants
en deux parties distinctes : ceux soumis aux Hovas, et
les tribus indépendantes. Pour l'étude que nous nous
proposons de faire de chacune de ces petites nations,
nous adopterons une autre division : nous les séparerons
en races aborigènes et en races étrangères.

Voyons d'abord quelle est l'importance de cette population.

Ces différentes peuplades forment ensemble une population qui a été diversement estimée ; nous nous arrête-
rons aux chiffres donnés par M. Grandidier dans sa
déposition devant la commission d'enquête parlemen-

taire, d'où il résulte que le nombre des habitants de Madagascar serait d'environ *trois millions.*

Hovas.	1 100 000	700 000
Moins les esclaves .	400 000	
Betsimisaraks		800 000
Antanosses		25 000
Antanosses de la côte		25 000
Antanosses émigrés.		15 000
Machicores		200 000
Mahafales.		
Sakalaves		
Bares.		500 000
Betsileos		
Antsianaks		500 000
Besonsons		
		2 765 000

Dans ce chiffre on ne fait entrer que les principales tribus, celles dont la population a pu être évaluée; on peut donc, sans crainte d'exagération, porter le total des habitants de Madagascar à *trois millions cinq cent mille* individus.

Les Hovas ont divisé les habitants en vingt-deux provinces; mais, en réalité, le nombre des tribus est supérieur : on en reconnaît vingt-cinq.

Dans la zone orientale, se trouvent les Antankars, Antavarts, Betsimisaraks, Bétanimènes, Ambanivoules, Besonsons, Antancayes, Affravarts, Antatchimes, Ant'-aymours, Tsavouaï ou Chavouaïes, Tsafati ou Chaffates, Antarayes et les Antanosses.

Dans la zone occidentale, on rencontre les Sakalaves qui occupent les trois quarts de sa longueur totale, et se divisent en Sakalaves du Bouéni ou du nord, Sakalaves de l'Ambongou, du Ménabé ou du sud ; les Antifiherenanes, et les Mahafales.

Dans la zone centrale, c'est-à-dire l'intérieur, sont les Antsianaks, les Hovas, les Betsileos, les Androys, les Vourimes, les Machicores, nommés aussi Bares.

Tous ces hommes sont d'origines diverses, ainsi que le prouve la différence de leurs caractères physiques.

Les premiers hommes qui peuplèrent Madagascar vinrent évidemment de la côte d'Afrique ; on retrouve chez certaines tribus des signes distinctifs de la race originaire de ce continent. Plus tard, l'Arabie fournit son contingent par de nombreuses émigrations ; il n'y a là rien qui puisse étonner. Mais ce qui paraît extraordinaire, c'est la présence d'un élément venu de la presqu'île Malaise et des grandes îles de l'Australasie ; et cependant, le fait est indéniable.

A l'appui de cette théorie, on peut citer l'aspect physique de ces populations : leurs traits réguliers, leurs pommettes saillantes, leurs lèvres minces, leur teint plutôt brun que noir et leurs cheveux lisses.

Les trois races ainsi juxtaposées ont fini par se rapprocher, et il en est résulté deux types principaux : l'un, caractérisé comme nous l'indiquons plus haut, l'autre, par une peau bronzée, presque noire, et des cheveux crépus.

Nous ne décrirons pas séparément chacune de ces tribus, mais nous allons indiquer brièvement les traits respectifs de chacun des groupes.

Les Antankars tiennent du Cafre ; ils ont les cheveux crépus et laineux, le teint noir, les lèvres épaisses, le nez épaté ; ils sont, en général, plus sauvages que leurs voisins.

Les peuples de la côte orientale, depuis deux siècles en rapport avec les Européens, ont forcément subi, au moral comme au physique, l'influence de ces derniers. Grands, minces, bien faits, leur peau est, en général, brun clair ; leurs cheveux sont souvent crépus, ceux qui les ont lisses ou seulement légèrement ondulés, sont de constitution moins vigoureuse.

Parmi eux, les Betsimisaraks et les Bétanimènes sont bons et sociables, mais indolents et paresseux. Certains auteurs donnent au nom de Bétanimènes l'origine suivante :

Cette tribu, révoltée jadis, fut battue à plusieurs reprises, acculée jusque dans ses derniers retranchements et forcée de se rendre, ce qu'elle fit lâchement et presque sans lutte. Par dérision, les vainqueurs lancèrent à ces hommes des boulettes de terre rouge qui les couvrirent de boue ; d'où leur nom : *Bé,* beaucoup, *tani,* terre ; *mène,* rouge.

C'est peut-être pour cette raison que l'on rencontre autant de Betsimisaraks, et si peu de Bétanimènes.

Les Antancayes ou Besonsons sont des hommes de

haute stature, forts et vigoureux ; leur cou est court, leurs membres robustes, leur peau brun foncé et leurs cheveux crépus.

Les Affravarts forment un petit peuple belliqueux, dont la bravoure et l'intrépidité ont souvent tenu en échec les armées hovas.

Telles sont les tribus chez lesquelles domine le sang noir.

Les Betsileos sont, après les Hovas, la tribu la plus intelligente et la plus avancée ; leurs mœurs sont douces et hospitalières et ils ont une prédilection marquée pour les travaux des champs. Longtemps ils ont résisté aux soldats de Radama ; ils n'ont cédé que devant la supériorité des armes placées par les Anglais entre les mains de leurs envahisseurs.

Les Bares sont encore peu connus ; ils sont restés dans un état presque sauvage et ont la réputation d'être féroces. Deux missionnaires anglais faillirent être assassinés dans une de ces tribus, en 1876. C'est une nation indépendante et guerrière, qui n'a jamais été soumise aux Hovas.

Les Tanales habitent les épaisses forêts qui s'étendent sur le versant occidental de la grande chaîne et descendent jusqu'aux plaines ; attaqués plusieurs fois par les Hovas, ils les ont toujours repoussés. Les bienfaits de la civilisation, représentés par les méthodistes anglais, n'ont pas encore pénétré chez eux.

Les Tankays habitent, vers le nord de l'île, une région malsaine, mais très fertile ; ils sont forts, vigoureux, de mœurs douces et hospitalières ; leur peau est plus noire que celle des hommes des autres tribus.

Les Sihanaks occupent la côte septentrionale de Madagascar ; c'est un peuple de pasteurs ; ils élèvent des troupeaux, dont le plus grand nombre sont la propriété de riches habitants de Tananarive. Ils cultivent le riz d'une manière qui leur est spéciale : au lieu de creuser le sol pour repiquer les jeunes plants de riz, ils font piétiner par leurs troupeaux la terre, préalablement arrosée ; ils sèment le riz dans cette boue molle, produite par le passage des animaux.

Les Sakalaves ; sous ce nom on comprend toutes les tribus vivant sur la côte occidentale ; c'est la réunion de peuplades ayant chacune un nom propre et jusqu'il y a deux cents ans, possédant des gouvernements distincts.

Une partie a été soumise aux Hovas au commencement du siècle par Radama Ier ; la lutte fut longue et pénible, et, pour les réduire sous sa domination, Radama n'eut d'autre moyen que d'épouser la fille d'un roi du *Ménabé*. Pendant le règne de la reine Ranavalo Ire, successeur de Radama, les Sakalaves, poussés à bout par les cruautés et la tyrannie des Hovas, secouèrent le joug et se mirent itérativement sous le protectorat de la France.

A côté de ces races, pour ainsi dire pures, en existe une autre qui est le résultat obligé du séjour des Euro-

péens à Madagascar; leur nom est *Malates,* altération possible du mot mulâtres.

« Il y avait à Madagascar, dit M. d'Escamps, deux sortes de Malates : les premiers, enfants du pirate Tom, ont été puissants dans le nord, mais leurs vices et leurs excès finirent par les faire détester. Les autres Malates, issus de Français et de filles de chefs, exerçaient le pouvoir avec plus de modération et de justice à Tamatave et à Ivondrou, où ils avaient su se faire aimer. Simandré, célèbre dans les chants des indigènes de cette partie de l'île, était le petit-fils d'un Français nommé Laval, chef de traite à Madagascar (1). »

Il nous reste une tribu à étudier, mais celle-là mérite une mention toute spéciale à cause de la situation qu'elle a prise dans l'île et de nos nombreux démêlés avec elle : nous voulons parler des Hovas.

Les Hovas habitent, ainsi que nous l'avons dit, les hauts plateaux du centre de l'île. D'après la tradition, cette peuplade serait venue à une époque bien difficile à déterminer, montée sur d'immenses *prahos* (les praos des Malais) et aurait dépossédé une partie de la race indigène.

Les Hovas présentent bien, en effet, le type de la race malaise : leur taille n'est pas élevée, quoique bien prise; leur teint est olivâtre, leurs cheveux noirs sont lisses ou légèrement ondulés. L'intelligence de ce peuple est

_____

(1) H. d'Escamps. *Histoire et Géographie de Madagascar.*

assez développée, et on retrouve chez lui, à cet égard,
la supériorité qui est le propre de la race jaune sur la
race noire ; mais il semble qu'il possède, réunis, tous
les vices de l'humanité ; chez les Hovas règnent la délation, les exactions infâmes où dominent la haine, l'or-
gueil, l'insolence, la rapacité. Dans la langue du pays,
on les appelle : *amboalambo,* ce qui veut dire : *chien
cochon* ; mais seules les tribus indépendantes osent leur
adresser cette injure.

Le peuple hova eut une étrange destinée : considéré
autrefois comme des parias, par les Malgaches, tout
objet souillé par l'attouchement d'un Hova était déclaré
impur. « La case où le Hova avait reposé était brûlée ;
il était maudit par tous les habitants de l'île. Isolé dans
son repaire, ce proscrit incendia les forêts qui pouvaient
dérober un ennemi, dévasta, dit-on, le magnifique plateau d'Emyrne, fit un désert de son pays et, pour éviter
toute surprise, planta ses villages sur les mamelons de
la plaine. Plus tard, comme accord tacite d'une paix dont
il avait un si grand besoin, et comme tribut payé aux
Malgaches qu'il reconnaissait alors pour maîtres, il dé-
posait à la limite des bois du riz, du maïs et divers objets
de son industrie, que ceux-ci venaient recueillir. »

Cette période de son existence a lourdement pesé sur
le caractère du Hova : il est devenu triste, défiant, men-
teur, souple et rampant, et quand, à la fin du siècle
dernier, Andrianampouine, le père de Radama, voulut
affranchir son peuple de la servitude, il n'eut qu'à ras-

sembler les tribus éparses que la soif de la vengeance transforma en soldats.

Radama et Ranavalo, aidés des Anglais, ont conquis de grands territoires et relevé leur peuple de sa situation de *paria*; mais ils n'ont pu modifier son caractère, que la victoire n'a pu ennoblir : ils sont restés menteurs, fourbes, dissimulés, et à leurs vices, ils ont ajouté tous ceux des autres tribus de Madagascar; chez eux, le vol, la ruse, la dissimulation sont tellement en honneur, qu'ils s'efforcent d'inculquer ces vices à leurs enfants le plus tôt possible.

Le docteur Mihet Fontarabie traduit avec une vérité saisissante le contraste qu'offrent la beauté du pays et les turpitudes du caractère hova :

« On éprouve, dit-il, une émotion que l'on ne peut décrire en voyant ce pays, où la nature est si belle et l'homme si barbare. La vue des campagnes vous entraîne à la joie et au désir de dépenser là votre force, votre jeunesse, votre intelligence, en y appelant tout le génie de l'industrie moderne; vous vous laissez bercer par de douces espérances et vous entrevoyez dans un avenir peu éloigné la prospérité de ce beau pays. Votre rêve serait achevé et ferait place à la réalité... Mais la vue de l'homme est là pour arrêter les élans de votre imagination : cet homme, c'est le Hova.

« Il tient du Malais et de l'Arabe pour les traits, à part quelques variétés de types formés par le mélange de la race cafre : c'est vous dire ses instincts, ses vices, sa cruauté. Sa face fait évanouir votre rêve. Il semble vous dire :

« — Prenez garde à vous! quant à votre civilisation, nous n'en voulons pas ; quant à votre religion, allez écouter les proclamations que l'on fait tous les quinze jours aux troupes.

« Et il ne faut pas longtemps pour voir, à la manière dont il traite les autres peuples conquis, que toute idée de civilisation, sous un pareil gouvernement, sera très lente à s'introduire et ne pourra se maintenir qu'autant qu'elle leur rendra, à l'instant même, un service signalé, pour ensuite disparaître du moment que leur cupidité et leurs passions seront satisfaites. »

Bien que la fusion des diverses races de Madagascar soit loin de s'accomplir, le climat, des rapports continuels, ont donné à tous les Malgaches un caractère de similitude si prononcé, qu'il est possible de tracer à cet égard une description qui leur soit commune.

Sauf quelques exceptions, ces peuples sont, comme toutes les nations dans l'enfance, curieux, vantards, superstitieux, vindicatifs, crédules; mais ils ont les qualités de leurs défauts : s'ils sont indolents et paresseux, ils sont pour la plupart doux et hospitaliers, et quand, attirés par de bons traitements, ils se sont attachés, on peut dire que leur attachement est durable, témoin l'affection que les peuples de la côte portent au nom français.

Quant à leur insouciance, elle est proverbiale : leur

jeunesse se passe dans l'oisiveté et les divertissements ; leur vieillesse s'écoule dans une indolence qui n'est jamais troublée par les remords. Vivant au jour le jour, le présent est tout pour eux et ils emploient leur vie à dormir, à chanter ou à danser, dès qu'ils ont du riz, du poisson ou des coquillages. Le travail consiste pour eux à construire une cabane, à abattre des arbres et à récolter le riz. Quand ils sont malades, ils boivent et ils mangent comme à l'ordinaire, sans se soucier de la vie ou de la mort.

Ces grandes lignes générales tracées, nous allons étudier leurs mœurs, leurs coutumes, leur religion, leur gouvernement.

CHAPITRE VII

Habitations. — Costumes. — Mariages. — Naissances. — Funérailles. — Hospitalité. — Le *fattidrah*. — Chants. — Instruments de musique. — Airs nationaux. — Danses. — Le *fifanga*. — Les kabars. — Éloquence des Malgaches.

Excepté à Tananarive et à Tamatave, où l'on rencontre des maisons construites à l'européenne, on ne trouve guère, dans toute l'île de Madagascar, que des cases, plus ou moins belles, plus ou moins grandes, selon la fortune et le rang de leur propriétaire.

Ces cases se composent uniquement d'une carcasse ou charpente faite de troncs d'arbres non équarris et débarrassés seulement de leur écorce. Les murs sont ormés d'un entrelacement de branches flexibles et de euilles ; des cadres habilement tressés, garnis de feuillages et s'adaptant presque hermétiquement dans des rainures, servent de portes et de fenêtres. Comme le reste de la cabane, le toit est garni de feuilles disposées de façon à le rendre imperméable. Autour de la case règne une palissade de gros pieux fichés en terre, qui constituent comme un enclos.

Lorsqu'ils doivent construire une maison, les indigènes se réunissent en grand nombre, quelquefois une centaine, afin d'abréger la durée du travail, et en quatre jours, généralement, l'opération est terminée.

Case malgache.

L'habitation d'un Malgache se divise d'ordinaire en deux pièces : l'une, qui sert de chambre à coucher, et l'autre de cuisine, de salle à manger et de salle de réception ; c'est la pièce principale. Au centre, supportée par quatre roches pointues, appelées *toko,* s'élève la *salaza,* châssis de gaulettes à claire-voie, qui sert à boucaner la viande. Plus cet instrument est vaste et sale, plus la réputation d'hospitalité de son propriétaire est grande.

Le mobilier est des plus simples : un lit, sorte de claie supportée par quatre pieux, deux ou trois tabourets en

Intérieur d'une petite case malgache.

natte, rembourrés d'herbes sèches, des oreillers de bois et des paniers de différentes grandeurs, appelés *tente* ou *siron-kell*.

Un long bambou, le *langana*, dont les séparations sont brisées, sert de seau ; l'*ondroko*, grande cuiller de bois pour prendre le riz dans la marmite ; le *vilanyro*, marmite dans laquelle on fait cuire le bouillon ; le *saroukeletzy*, sorte de malle où l'on met le linge ; le *heletzy*, qui

renferme le riz destiné à être pilé ; le *letso,* mortier à piler
le riz et les *halo* ou pilons ; le *lotsero,* qui sert à vanner
le riz et le *fandambana,* sorte de petite natte sur laquelle
on étend les feuilles de *ravinala* pour servir le riz : tels
sont les ustensiles composant la batterie de cuisine d'une
habitation malgache.

Aujourd'hui, cependant, grâce à leurs relations avec
les Européens, les Hovas se servent de marmites et de
cocottes en fonte, ainsi que des autres objets de ménage
moderne, concurremment avec les ustensiles primitifs que
nous venons d'indiquer.

Si le mobilier d'un Malgache est des plus sommaires,
on en peut dire autant de son costume : le principal, et
presque l'unique vêtement de ces populations est le
sadik, pièce de toile attachée autour des reins, et dont
les bouts, passant entre les jambes, forment comme un
caleçon. Quelques-uns, et surtout ceux vivant sur les
hauts plateaux, portent en outre le *sim'bou,* longue pièce
d'étoffe dans laquelle ils se drapent à la manière des
Grecs et des Romains.

Les femmes ont les mêmes vêtements, mais plus longs
que ceux des hommes ; elles y ajoutent le *kanezou,* espèce
de corsage dont les manches descendent jusqu'au poi-
gnet. Pour se préserver des rayons du soleil, les Malgaches des deux sexes se coiffent du *satouk,* toque en
jonc, qui a quelque analogie avec les bonnets de nos
avocats.

Les ornements des femmes consistent en grands an

neaux d'or aux oreilles, en colliers et en *bokhs*, sortes de broches d'or destinées à fermer le kanezou.

A Tananarive et à Tamatave, les Hovas de condition ne portent presque plus le costume national : beaucoup sont habillés à l'européenne, et ceux qui remplissent une fonction un peu importante à la cour, ainsi que

Costumes malgaches.

quelques officiers, portent des uniformes empruntés à toutes les nations de l'Europe. A la cour, les femmes étalent des robes aux couleurs voyantes faites en France et en Angleterre pour l'exportation.

La situation de la femme à Madagascar ne ressemble en rien à celle qui lui est faite chez les peuples africains, par exemple, quoique la polygamie soit usitée dans toute l'île.

Tant qu'elle est jeune fille, la femme malgache est entièrement libre. Le mariage, qui ne se fait que du consentement des deux époux, a lieu sans grande cérémonie ; il suffit de la simple autorisation du père devant témoins pour qu'il soit valable. Le père annonce à Dieu, à la patrie, aux ancêtres, que sa fille épouse un tel ; mais le mariage ne devient en quelque sorte définitif que lorsque l'épouse met au monde un premier enfant.

Pour se marier entre parents, ce qui est assez fréquent à Madagascar, il est obligatoire d'offrir à Dieu et aux ancêtres un bœuf en sacrifice ; on plante alors un *hazou-manitre* ou arbre commémoratif ; c'est l'acte officiel, et les époux mangent ensemble le cœur du bœuf sacrifié.

Nous avons dit que les Malgaches étaient polygames ; ils ont ordinairement trois femmes : la première, par le rang et l'autorité qu'elle exerce, se nomme *vadi-bé*, c'est-à-dire la femme chef. Elle est chargée de la direction de la maison et ne suit son mari ni dans ses voyages, ni dans ses promenades. La seconde, la *vadi-massé*, est une femme libre et ordinairement jolie ; il est d'usage de la renvoyer quand elle a cessé de plaire, car le divorce existe à Madagascar ; mais au profit du mari seulement, c'est-à-dire que la femme répudiée ne peut se remarier sans le consentement de son premier époux ; il est vrai de dire que celle qui n'aime pas, ou qui n'aime plus son mari, a le droit de le quitter et de re-

Intérieur d'une grande case.

A. BASSAN.

tourner chez ses parents et que l'époux ne peut la con-
traindre à venir de nouveau vivre avec lui.

Enfin, la troisième épouse, *vadi-sindrangou*, est une
esclave à laquelle on donne la liberté dès qu'elle est
devenue mère.

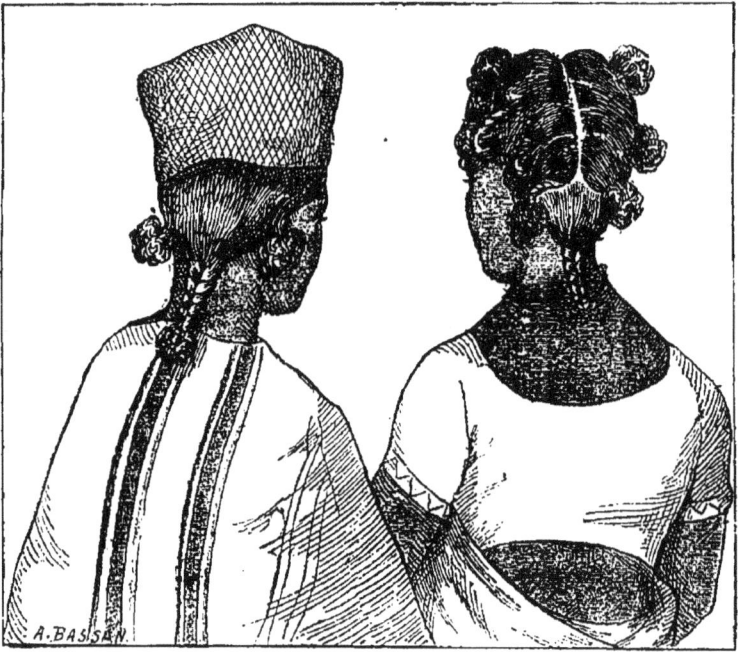

Détail de la coiffure d'une femme malgache.

Comme chez les Arabes, la naissance d'une fille ne
donne lieu à aucune réjouissance à Madagascar ; la
famille éprouve, au contraire, comme un sentiment de
tristesse. L'arrivée d'un garçon provoque, au contraire,
une allégresse générale, après toutefois que l'ombiache,
astrologue ou médecin, a prononcé sur le sort du petit

être. Chez plusieurs tribus malgaches, en effet, les enfants nés à certains jours néfastes, sont condamnés à mort : on les précipite dans une rivière, on les expose dans une forêt, ou bien encore on les enterre vivants ; et les jours néfastes sont nombreux à Madagascar. Ajoutons, cependant, que cette coutume barbare, qui a entièrement disparu chez les tribus de la côte orientale, occupée par les Français, n'existe plus guère que chez quelques rares peuplades de l'intérieur.

Quand, donc, le devin a rendu son jugement, l'enfant auquel on permet de vivre est placé sur une natte à la tête de laquelle le père plante sa plus belle sagaye, ornée de banderoles de couleur. Les parents et les amis viennent alors le féliciter de la naissance de son fils ; les jeunes gens font un simulacre de combat et les jeunes filles chantent des chœurs ; puis, tout ce monde est invité à un grand banquet qui dure jusqu'au jour. Ces fêtes se renouvellent à différentes époques de l'existence de l'enfant, jusqu'à ce qu'il soit devenu un homme.

L'amour des femmes malgaches pour leurs enfants est extraordinaire : une mère ne quitte jamais son enfant pendant les travaux de la campagne ; dans les voyages, elle le porte sur la hanche ou sur le dos au moyen d'un pagne. Il existe à Madagascar une coutume touchante qui enjoint aux enfants de présenter à leur mère, dans certaines circonstances, une pièce de monnaie que l'on nomme *Fofoun'damoussi*, c'est-à-dire souvenir du dos, en mémoire de l'affection qu'elle leur a montrée en les portant si longtemps dans le pagne, car, quelquefois, cet usage se prolonge jusqu'à l'âge de six ans.

Malheureusement, cette affection dégénère en faiblesse à mesure que les enfants grandissent et ils ne tardent pas à prendre tous les vices qui résultent de l'oisiveté et de la dissipation.

Quand un Malgache a rendu le dernier soupir, on le pare de ses plus riches vêtements, on le couvre d'amulettes, qui devront éloigner de lui les mauvais génies ; puis on l'expose dans une hutte, sur un lit de branchages, où il reste jusqu'à ce que, complètement desséché et réduit à l'état de momie, on le dépose dans la case qui lui servira de tombeau. Pendant ce temps, ses femmes et ses parents gémissent à qui mieux mieux ; mais à peine est-il porté à sa dernière demeure que les pleurs cessent comme par enchantement : on immole des bœufs, on se livre à de copieuses libations et la cérémonie se termine par une immense consommation de bœuf bouilli avec du riz, mets inévitable de toutes les réjouissances.

Du reste, la douleur que les Malgaches ressentent de la perte d'un parent ou d'un ami est peu durable ; ils disent que « la mort étant un mal sans remède, il n'y a pas de raison pour se désoler et qu'il faut, au contraire, s'étourdir pour diminuer la durée de son chagrin. »

Pour les souverains, la cérémonie est plus imposante ;

S

M. Grandidier donne la description suivante des funérailles d'un roi marouseranane :

« Le corps, cousu dans une peau de bœuf, est sus-
pendu dans la partie la plus déserte d'une forêt voisine et
la garde en est confiée à une famille spéciale. Après plusieurs mois les chefs se réunissent et vont chercher les
reliques, c'est-à-dire une des vertèbres cervicales, un
ongle et une mèche de cheveux ; le reste est enseveli
avec pompe. Il y a quelquefois sacrifice d'hommes à
cette occasion ; les corps des victimes sont placés dans
des cercueils sur lesquels on met le catafalque royal ; un
souverain ne peut reposer sur la terre comme ses plus
humbles sujets.

« On renferme les reliques dans une dent de crocodile
et on les porte dans la maison sacrée où sont conser-
vés les *ancêtres*.

« Pour se procurer cette dent, on attire des crocodiles
dans un bras étroit de rivière, où l'on a eu soin de jeter
les intestins d'un bœuf tué dans ce but ; puis, on en ferme
les issues et on choisit le plus gros d'entre eux, on l'en-
toure de cordes, et on l'amène sur la rive. On intro-
duit alors entre ses mâchoires, à l'endroit de la plus
grosse dent, une patate brûlante ; au bout d'un quart
d'heure, la dent peut être facilement arrachée, et l'animal est relâché.

« La propriété de ces reliques constitue le droit à
la royauté. Un héritier légitime, qui en serait déposs-
sédé, perdrait toute autorité sur son peuple, et l'usur-

Tombes malgaches.

pateur, au contraire, monterait sur le trône sans conteste. »

Les Malgaches ont un respect excessif pour la mémoire de leurs ancêtres, et cependant ils ont une crainte très vive de la mort. Malgré la profonde vénération qu'ils ont pour les tombeaux, une terreur superstitieuse les en éloigne sans cesse ; ils abandonnent toujours la maison du défunt, et souvent même le village où il habitait ; tous les objets lui ayant appartenu, ne sont plus employés, et on ne prononce jamais son nom.

« C'est un fait curieux, dit M. H. d'Escamps, et qui a eu une influence bien marquée sur la langue malgache, que cette coutume de ne jamais prononcer le nom d'un défunt, ni même les mots qui s'en rapprochent par leur désinence. On remplace ce nom par un autre ; le roi Ramitra, depuis son décès, s'appelle *Mahatenatenarivau*, le prince qui a vaincu mille ennemis ; le Malgache qui redirait l'ancien nom serait regardé comme le meurtrier du prince, et, par suite, exposé au pillage de ses biens, peut-être même à la mort.

« Il est facile de comprendre, d'après cela, comment la langue malgache, une à son origine, s'est corrompue, et comment il y a aujourd'hui des différences entre les divers dialectes. Dans le Ménabé, depuis la mort du roi Vinany, à *Vilamy,* marmite, a dû être substitué un autre mot, *Fikétréhane,* le vase où l'on cuit ; tandis que, dans le reste de Madagascar, l'ancienne appellation a continué à subsister. Ces changements, il est vrai, n'ont guère lieu que pour les rois et pour les grands chefs ; ils sont surtout particuliers à la côte ouest et sud. »

Si l'on prétend, avec quelque raison, que le culte des ancêtres est venu aux Malgaches des Chinois, par la Malaisie, on peut affirmer aussi qu'ils ont pris leurs habitudes d'hospitalité aux habitants de certaines îles du Pacifique. Ils exercent la plus généreuse hospitalité envers les étrangers.

Le voyageur européen qui arrive dans un village est aussitôt accueilli par le chef, qui lui offre sa plus belle case, lui donne du riz, des poules, des fruits et même un bœuf, lorsque sa suite est nombreuse. Le Malgache pauvre, qui voyage, entre sans se faire prier dans la première case qu'il rencontre, prend son repas ; si la famille est réunie, l'étranger s'assied au milieu d'elle. Pour prix de sa nourriture et de son coucher, on ne lui demande que le récit de ce qu'il a vu sur son chemin ; mais jamais une question indiscrète ne lui est posée ; il peut taire son nom et le but de son voyage. L'hospitalité est une qualité inhérente à la race malgache.

Comme complément de cette qualité, il existe à Madagascar une coutume destinée à resserrer les liens d'amitié qui peuvent unir deux étrangers : c'est le *fatti-drah* ou serment du sang.

Cette opération a pour but de sceller l'engagement

pris par deux personnes de s'aider mutuellement pendant toute leur vie. Voici de quelle façon se pratique le fattidrah.

Un vieillard préside ordinairement la cérémonie; on lui apporte un vase plein d'eau dans lequel il plonge le fer d'une sagaye, tandis qu'un autre individu y jette de la monnaie d'argent, de la poudre, des pierres à fusil, des balles, des pierres et quelques pincées de terre prises aux quatre points cardinaux. Pendant ce temps, le vieillard frappe, suivant une certaine cadence, la hampe de la lance avec le dos d'un couteau, et il explique le sens attaché à chacun des objets que l'on a jeté dans le vase :

L'argent, emblème de la richesse, indique que les deux contractants devront partager leurs biens présents et futurs. La poudre, les pierres à fusil, les balles, symboles de la guerre, signifient que les dangers devront leur être communs. Les fragments de bois et la terre, ont aussi un sens particulier.

Quand tous les objets ont été mis dans le vase, l'officiant demande aux deux futurs parents s'ils ont bien l'intention de tenir le serment qu'ils vont faire; puis, sur leur réponse affirmative, il les prévient que les plus grands malheurs fondront sur eux s'ils manquent à leur promesse ; il prononce les conjurations les plus terribles en évoquant Angatch, l'esprit du mal, et d'une voix forte et sonore, il s'écrie :

« Que le caïman vous dévore la langue !

« Que vos enfants soient déchirés par les chiens des forêts!

« Que toutes sources se tarissent pour vous, et que vos corps, privés de sépulture, soient abandonnés aux vouroundoules, si vous parjurez! »

Cette imprécation terminée, le vieillard fait à chacun des contractants une petite incision avec un rasoir, au-dessus du creux de l'estomac; il imbibe du sang qui découle de la blessure un morceau de gingembre, et donne à avaler à chacun des deux le morceau teint du sang de son vis-à-vis.

Un banquet termine la cérémonie.

Le fattidrah impose de nombreux devoirs aux *frères de sang* qui sont unis par des liens aussi étroits que ceux de la fraternité charnelle.

Une femme peut faire le serment de sang avec un homme; deux femmes peuvent le contracter entre elles, et rien ne s'oppose à ce qu'un étranger le contracte avec un indigène.

Les agents anglais l'échangèrent avec Radama Ier; M. Lambert avec Radama II. M. Grandidier, le savant voyageur qui nous a appris à connaître Madagascar, a fait le serment du sang avec Razaumaner, roi des An-tanosses, et avec Lahimériza, roi du Féérègne.

Dès que deux Malgaches sont liés par le fattidrah, les parents de chacun d'eux prennent vis-à-vis de l'autre le même titre de parenté que si les deux frères de sang étaient frères selon les lois de la nature.

Nous avons vu que tous les grands événements de la vie des Malgaches se terminaient par des chants et des danses; ils aiment passionnément la musique. Le soir, dans les villages, on les voit s'assembler pour écouter les chansons qu'un des leurs improvise, en l'accompagnant d'un battement de mains qui marque la cadence.

Les paroles de ces chants se composent en général de phrases courtes, sans trop de liaison entre elles; c'est une série d'images dites sur un ton monotone et languissant qui leur donne un charme étrange.

Les instruments de musique sont très imparfaits.

C'est d'abord l'*érahou*, décrit par Flacourt; il consiste en une seule corde tendue sur une calebasse; on la fait vibrer au moyen d'un archet; l'érahou n'a presque pas de son.

Le *bobre* est un long arc fait d'une tige de bambou; il est tendu par un fil de fer. Au tiers environ de la longueur du bois est fixée la moitié d'une calebasse, espèce de table d'harmonie recevant les vibrations de la corde par un lien, également en métal, qui l'attire dans le sens de la calebasse. Le bobre se joue au moyen d'une petite baguette de bois, avec laquelle on frappe alternativement sur chaque section de la corde. Le son en est très faible, et le rythme paraît être le principal but de cet instrument.

Le *marouvané* ou *vallya* semble être l'instrument de prédilection des Malgaches. Il se compose d'un bambou gros comme le bras; au moyen d'un couteau, on détache, dans l'écorce filandreuse, des filets qui, soutenus par des petits chevalets, forment des cordes; le vallya est accompagné par une petite flûte et trois hommes frappant dans leurs mains.

L'*Azonlahé* est un tambour creusé dans le tronc d'un jeune arbre ; l'une des extrémités est recouverte d'une peau de bœuf avec son poil; l'autre, d'une peau de bique. Les indigènes se servent de cet instrument comme d'une grosse caisse : ils frappent d'un côté avec une baguette, et de l'autre avec la main.

Avec ces instruments grossiers et primitifs, et surtout avec la vallya, les Hovas jouent leurs airs nationaux : l'*Air de la reine* et le *Chant des guerriers*.

A titre de curiosité, nous empruntons au livre du docteur Lacaze un spécimen noté des quatre airs principaux, dont les deux premiers sont les chants nationaux des Hovas; le troisième, le *Lalo fatra*, est joué par les fanfares dans les cérémonies officielles! le quatrième se chante en chœur chez les Betsimisaraks.

Les principales danses des Malgaches sont la *papangue* et le *zihé*. La première est particulière aux Betsimisaraks; elle est exécutée par les femmes seules, qui cherchent, dans les mouvements de leurs bras, à imiter le vol de la papangue, sorte de milan qui dévaste les basses-cours.

« Cette espèce de pantomime, dit le docteur Lacaze, auquel nous empruntons ces détails, est très gracieuse,

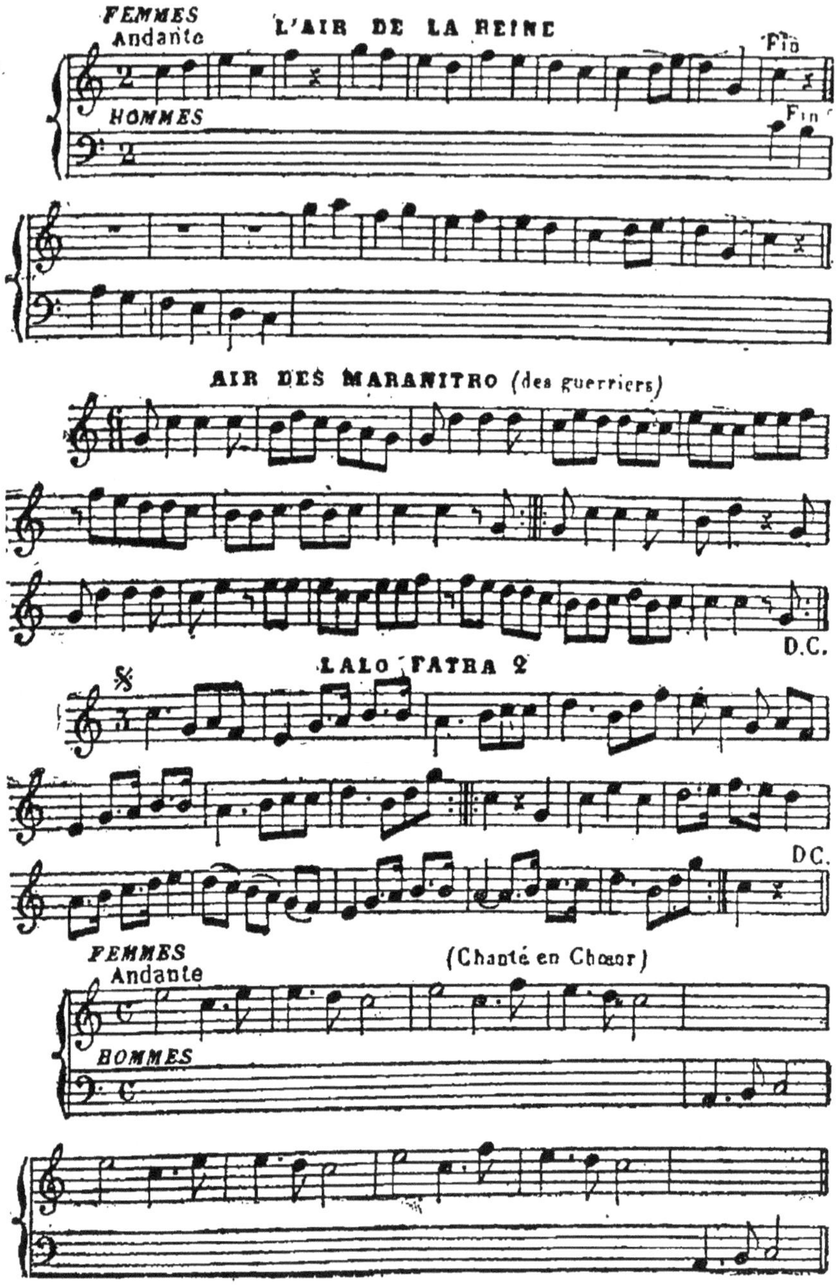

Chants malgaches.

et les regards se portent avec plaisir sur ce groupe
d'une originalité franche, composé de huit belles Malgaches placées en face les unes des autres et ne visant
pas à copier une civilisation encore éloignée. Cette
danse est accompagnée par le chant des femmes assises
autour, chant monotone, dont le rythme est appuyé et
marqué par des battements de mains. »

M. Grandidier a donné la description du *ʒihé*, qui
s'exécute surtout chez les Sakalaves du sud :

« Les jeunes hommes et les jeunes femmes forment
deux groupes séparés, qui se livrent à des courses folles,
se croisant et se poursuivant, tout en improvisant des
chants de circonstance..... C'est dans ces chants
que les rivaux s'injurient, qu'on se moque, tout
comme on le fait chez nous, des ridicules de ses voisins. »

Les chants et les danses ne sont pas les seules dis-
tractions des Malgaches ; ils ont encore le *fifanga* et les
kabars. Le fifanga est l'unique jeu des habitants de Madagascar ; il se compose d'un carré long en bois rouge
percé d'un grand nombre de trous régulièrement disposés ; on y place, en guise de pions, des noix de galle
que l'on prend comme au jeu de dames.

On donne ordinairement le nom de *kabar* aux grandes
assemblées politiques chargées de délibérer sur les
questions importantes ; par extension, on l'a étendu aux
réunions de deux ou de plusieurs personnes qui s'assem-
blent pour causer d'affaires, ou simplement pour se

livrer aux charmes de la conversation et raconter des légendes.

Nous reviendrons sur ces dernières dans le chapitre suivant, à la partie que nous consacrons à la poésie et à la littérature malgaches ; disons seulement ici que l'art oratoire est très cultivé à Madagascar et que, dans les grands kabars, certains hommes font preuve d'une réelle éloquence. M. H. d'Escamps attribue ce fait à l'idiome même des Malgaches.

« Les images, les alliances de mots y abondent, les nuances les plus délicates s'y font sentir. Et puis, l'orateur a la liberté de composer ses mots : à tous moments, suivant l'impulsion de son génie ou les mouvements de son âme, il peut créer ceux qui lui manquent. De cette mine inépuisable de signes verbaux, naissent pour lui des désignations ingénieuses, pittoresques, variées, qui revêtent parfois son style des plus brillantes et des plus riches couleurs. »

CHAPITRE VIII.

Religion. — Devins. — *Fanfoudis.* — Gouvernement. — L'armée
hova. — Lois pénales et jugement. — Épreuves judiciaires par le
feu, par l'eau, par le tanguin.—Les lois pénales chez les Hovas. —
· La langue malgache. — Journaux. — Littérature et poésie. —
Fables et légendes.

Plusieurs auteurs, et Flacourt le premier, ont écrit
que les Malgaches n'avaient aucune religion ; c'est là, au
dire des voyageurs qui ont visité Madagascar dans les
derniers temps, une grave erreur : les Malgaches sont
déistes. Ils n'ont pas, il est vrai, une religion avec des
dogmes, un culte, des temples ; « mais, dit M. Grandidier, ils croient en un Dieu tout-puissant, créateur du
monde et maître des destinées des hommes ; ce Dieu est
invoqué et adoré dans toutes les actions de la vie. Auprès de ce Dieu viennent se ranger les mânes des ancêtres, qui, servant d'intermédiaires entre la divinité et
les hommes, sont censées exercer une grande influence
sur le bonheur de leurs parents. »

En somme, les Malgaches sont déistes ; mais, en
même temps, ils sont fétichistes, c'est-à-dire qu'ils at-

tribuent à certains objets et à certaines pratiques un pouvoir surnaturel. Leur esprit superstitieux, avide de merveilleux, les a disposés à accueillir favorablement les prédictions des devins qui font métier de dire l'avenir.

Aujourd'hui, un grand nombre de Malgaches, surtout parmi les Hovas, sont convertis à la religion chrétienne : les uns sont catholiques, les autres protestants ; mais, malgré tout, ils gardent au fond de leur cœur une prédilection pour les pratiques superstitieuses de leurs ancêtres.

La religion malgache peut se résumer ainsi : croyance à deux principes, l'un qui est le *Zanahary*, le bon génie, mot à mot, celui qui a créé ; l'autre, l'*Angatch*, le mauvais, le revenant. Ils invoquent encore d'autres génies secondaires, qui ont pour mission de présider à différents actes de la vie : la guerre, la chasse, la pêche, etc. Sans avoir des idées bien définies sur l'âme comme principe immatériel, ils l'admettent cependant, puisqu'ils croient à la métempsycose. Dans certaines tribus, par exemple, les âmes des chefs vont, après leur mort, habiter le corps d'un crocodile, tandis que celles de leurs sujets passent dans le corps des makis ou chiens cerviers. La plus grande manifestation de leur croyance à une vie extraterrestre se montre dans le respect, l'espèce de culte qu'ils ont pour les ancêtres qu'ils prient, et auxquels ils demandent de les inspirer.

Certaines peuplades, comme les Sakalaves, n'ont aucune représentation matérielle, aucune image des êtres auxquels ils consacrent leur culte ; ils n'ont même pas d'idole nationale ; chez d'autres, au contraire, il existe des idoles dont la structure est des plus bizarres.

Dans toutes les tribus, on trouve des individus qui, outre le métier de médecin, exercent la profession de devins ; les Sakalaves les nomment *ampisikidy*. Les indigènes ont en eux une confiance illimitée et n'entreprennent pas une affaire sans les consulter ; aussi, le pouvoir de ces hommes sur les Malgaches est considérable.

Les fétiches, amulettes et talismans sont en grand honneur ; on les nomme *fanfoudis, ahoulis, grisgris* ; il n'est pas un homme, à Madagascar, qui ne possède son fanfoudi ; c'est généralement un bout de corne de bœuf renfermant de la terre, de la graisse, des petits morceaux de bois, des vis et des parcelles de parchemin couvertes de signes cabalistiques. Ces fanfoudis, ainsi préparés et soigneusement entretenus par leurs propriétaires, possèdent, à leurs yeux, les pouvoirs les plus étendus ; ils peuvent même tuer un ennemi. Il suffit, pour cela, de placer un talisman sous le lit de l'homme que l'on veut faire mourir, et, dans un temps plus ou moins long, le souhait s'accomplit.

Mais la majeure partie des pratiques superstitieuses des Malgaches sont destinées à écarter l'esprit du mal ; pour arriver à ce résultat, ils se livrent à toutes espèces de pratiques plus bizarres les unes que les autres, comme

de se couvrir le corps d'une couche de terre blanche,
très commune dans l'île, afin d'éviter les atteintes du
mauvais.

Il y a aussi la croyance aux jours néfastes, *fâli*, ainsi
que nous l'avons indiqué pour la naissance des enfants ;
ces jours-là, ils n'osent quitter leur case, et l'accès de
leur village est interdit aux étrangers.

Chez les Malgaches, l'accusation la plus grave que
l'on puisse porter contre un homme est celle de sorcellerie ; M. Grandidier raconte comment, étant arrivé à
Tulear le 20 juin 1868, il dut prendre des précautions
pour éviter une telle accusation.

« Je savais, dit-il, que les Sakalaves m'avaient béné-
volement attribué, en 1866, la réputation de sorcier, et
je voulais, dès mon arrivée, mettre le roi dans mes intérêts à force de cadeaux. Bien m'en prit ; j'eus, pendant mon séjour dans l'État de Fihérénane, de nombreux
kabars ou procès publics sous la prévention de sorcellerie, et ce ne fut que grâce à la protection royale que
je pus en sortir sain et sauf.

« Je dois dire qu'aucune accusation n'est plus dange-
reuse, dans les contrées sauvages, indépendantes des
Hovas, que celle de sorcellerie. Si le prétendu crime
est prouvé, une mort immédiate est la punition du coupable. Je ne sache pas qu'il existe un peuple plus stupi-
dement superstitieux que les Malgaches ; pour les Sakalaves, comme pour les autres tribus, aucun fait n'arrive
naturellement : bonheur et malheur, tout est dû aux

talismans. Que de tracas, que d'ennuis m'ont journelle-
ment causés les habitants de la côte ouest par suite des
craintes absurdes qu'ils éprouvent contre les sorciers !

« Or, est sorcier tout individu qui se distingue d'au-
trui par ses actions ou par ses paroles ; je laisse à pen-
ser si un pauvre voyageur qui passe sa journée à prendre des informations, à écrire, à regarder les astres, à
causer avec le bon Dieu, comme ils disaient dans leur
idiome pittoresque, ou à manier une foule d'instruments
plus extraordinaires les uns que les autres, à collection-
ner des peaux d'animaux, à plonger des reptiles dans
l'alcool, ne donne pas prise aux soupçons et n'est pas,
à leurs yeux, un des monstres qu'on ne saurait trop
craindre et contre qui il est bon de prendre ses précautions.

« Je connaissais leurs mœurs et leurs lois et je vivais
de leur vie ; je m'étais attiré ou plutôt j'avais acheté la
bienveillance des chefs et du peuple et, cependant, je
ne pourrai jamais dire quelles difficultés j'ai éprouvées,
dans certains cas, à poursuivre mes études ; quels obsta-
cles insurmontables m'ont empêché, en d'autres circonstances, d'arriver au but que je poursuivais pourtant
avec tant de persévérance. Si l'intérêt n'était le motif le
plus puissant de leurs actions, j'eusse certainement été
réduit à l'impuissance la plus absolue (1). »

Divisés en tribus, qui se subdivisent elles-mêmes en

(1) *Bulletin de la Société de géographie*, février 1872.

villages, les Malgaches obéissent à un chef dont l'importance varie suivant le nombre d'hommes qu'il a sous ses ordres. Chaque village a son chef, et chaque chef a ses ministres ou *ampitakhs* chargés de faire connaître, et souvent même d'exécuter ses volontés. Le pouvoir de ces roitelets est absolu ; cependant, il est quelquefois modéré par l'assemblée des anciens et des principaux habitants qui se réunissent en kabars et discutent les affaires de la tribu, les réglant selon des coutumes anciennes transmises de génération en génération par tradition orale.

Généralement, les délibérations du kabar sont publiques ; cependant, lorsqu'il s'agit de prendre une mesure qui doit rester secrète, les notables se réunissent la nuit, dans un endroit isolé, dont les abords sont soigneusement gardés.

Depuis l'usurpation des Hovas et le règne de Radama, cette forme de gouvernement local n'a guère changé ; mais dans les peuplades soumises à la reine, les chefs de tribus relèvent directement de la cour de Tananarive ; ils ne sont plus guère considérés que comme des gouverneurs étroitement surveillés par les agents hovas.

A la tête de chaque province est un commandant, nommé par la reine, avec des chefs de districts placés sous ses ordres. Au-dessus de ce semblant d'organisation, qui cache la tyrannie la plus arbitraire, est la reine. Les pouvoirs publics sont remplis par un premier ministre et un ministre pour chaque département.

La reine est souveraine maîtresse de tous ses sujets, qui, tous du plus petit au plus grand, sont ses serviteurs : ils ne peuvent prendre une décision quelconque, entreprendre un voyage, changer de résidence, ou même faire enterrer un des leurs sans demander l'autorisation du chef de l'État. Toutes les terres, toutes les maisons appartiennent à la reine, qui peut les prendre quand bon lui semble ainsi que les esclaves et les serviteurs de ses sujets. Voici comment s'opère ce vol organisé de la propriété :

Un officier hova pénètre avec des soldats dans la demeure qu'il est chargé de prendre ; en entrant, il pique en terre une sagaye d'argent appelée *tsitialenga* (qui ne ment pas).

Le maître du logis salue profondément l'officier et lui donne un kiroubo, environ le quart d'une piastre (1 fr. 25,7), puis le kabar commence aussitôt. Le propriétaire est accusé d'incivisme, de manque de dévouement à la reine, sur la déposition du premier venu qui témoigne souvent par peur. On ligotte l'accusé et on l'envoie au chef-lieu pour être jugé. S'il est reconnu coupable, tous ses biens sont confisqués ; si, au contraire, il peut prouver son innocence, on ne lui en prend que la moitié.

Depuis 1877, sous l'influence des méthodistes anglais, le code hova a été modifié : en 1876, la reine Ranavalo avait commencé à réorganiser son armée. Un grand nombre de vieux soldats furent licenciés et remplacés par de jeunes hommes mis sous la direction d'instructeurs anglais.

L'année suivante, et sous prétexte de faire une position à tous ces vétérans, les Anglais conseillèrent à la reine de leur donner une situation particulière et d'en placer un ou plusieurs dans chacun des villages d'Imenina, en les déclarant les gardiens officiels des droits du peuple, représentant l'autorité royale et seuls intermédiaires entre la reine et ses sujets. Cette nouvelle institution prit le nom de : « Amis des villages ».

Ces vieux soldats ne peuvent résoudre par eux-mêmes aucune question importante, mais ils doivent en référer au premier ministre, qui statue. Leurs attributions sont relatives au divorce, à la polygamie, à l'enregistrement des actes de l'état civil : naissances, mariages, décès et tout ce qui concerne les ventes et locations de terrains et aussi (on retrouve l'influence protestante qui a dicté toutes ces mesures), à l'observation des dimanches et fêtes, à l'envoi des enfants à l'école, à la fréquentation des églises.

Un témoin oculaire, et dans lequel nous avons la plus entière confiance, nous disait à propos de cette dernière partie de la tâche des vieux soldats, que c'est à coups de bâton qu'ils conduisent au temple les Hovas convertis.

A cette même époque, l'armée hova a été réorganisée sur les bases suivantes :

Tous les Hovas valides sont astreints au service

militaire pour une durée de cinq ans, à l'exception des infirmes, des missionnaires indigènes et des *jeunes gens fréquentant les écoles protestantes.*

Malgré cela, l'armée hova est loin de mériter les éloges que, dans un but que nous n'avons pas à apprécier ici, on s'est plu, même en France, à lui décerner ; voici à ce propos l'opinion de M. E. Laillet, qui l'a vue de près et a pu l'apprécier :

« L'armée malgache, dit-il en parlant des troupes hovas, se compose actuellement d'une vingtaine de mille hommes, sans discipline et armés irrégulièrement. En rase campagne, elle ne peut opposer la moindre résistance à une armée européenne. Lorsque la guerre est décidée, tous les hommes valides doivent prendre les armes, se joindre à l'armée régulière, et former une agglomération sans ordre, formée de fusils, de haches et de sagayes. Depuis quelques années, l'armée malgache possède quelques armes de précision ; mais, en résumé, l'art de la guerre est chez eux dans la plus grande enfance. L'armée est, du reste, exempte d'uniformes, et, si quelques officiers en possèdent, ils ont pour origine toutes les nations de l'Europe. Le service des vivres est complètement oublié. Avant de commencer la campagne, le soldat prend sur lui une provision de riz aussi grande que possible, et, une fois ses provisions mangées, il vit forcément de pillage et de rapine. C'est alors une débandade complète qui dure jusqu'à la fin de la guerre, après laquelle il revient où il habitait avant. »

Nous ne parlerons pas, au point de vue militaire, des autres tribus de l'île, des peuplades indépendantes qui n'ont pas d'armée, et chez lesquelles chaque habitant devient soldat quand il s'agit de lutter contre l'ennemi commun ; cependant, constatons qu'avec les indigènes des tribus qui nous sont soumises, et notamment les Sakalaves, on a déjà pu former des corps de volontaires qui ont rendu de grands services à nos officiers pendant nos derniers démêlés avec les Hovas.

Il n'y a chez les Malgaches, nous exceptons les Hovas, de considéré comme crimes, que la sorcellerie, la profanation des tombeaux, le meurtre, le vol, la calomnie et l'insolvabilité.

Les peines applicables aux délinquants sont la mort, l'esclavage et l'amende. Les causes, soit civiles, soit criminelles, sont jugées en kabar par un jury composé de notables du même rang que l'accusé. L'information s'établit par témoignage et par serment.

Le témoignage est une déclaration pure et simple relative aux faits du procès.

Le serment est une imprécation portée conditionnellement contre une personne que l'on rend pour ainsi dire responsable de la vérité de ce que l'on avance. La formule usitée est celle-ci :

— Si ce que je dis est faux, qu'un tel soit foudroyé !
Ou bien :

— Si ce que je dis est faux, qu'un tel soit changé en tel animal !

Celui qui est convaincu d'avoir fait un faux serment, devient l'esclave de l'homme par lequel il a juré.

A chaque preuve fournie par l'accusateur, et à chaque témoignage en faveur de l'accusé, les juges mettent un petit morceau de bois dans une urne, et le défenseur prend la parole en faveur de l'accusé; il n'est payé qu'en cas de gain de sa cause. Lorsque les débats sont clos on compte les petits morceaux de bois représentant les preuves pour ou contre, et le jugement est rendu en faveur de la partie qui a le plus grand nombre de boules.

Si, à la suite des témoignages, les juges n'ont pu éclairer suffisamment leur conscience, et que l'accusé nie formellement le crime qui lui est imputé, on a recours à une épreuve judiciaire semblable à celle connue en Europe, au moyen âge, sous le nom de jugement de Dieu.

Ces épreuves sont faites chez les Malgaches par l'eau, par le feu, par le tanguin; actuellement, elles ne sont plus guère usitées que dans quelques tribus indépendantes.

L'épreuve de l'eau était employée surtout aux environs de Fort-Dauphin. « L'accusé, écrit M. d'Escamps, était conduit au pied de la roche d'Itapère, et là, c'est le plus ou moins de brise ou le degré d'élévation de la marée qui décidait du sort des malheureux que l'on y exposait. Ils devaient se tenir debout, les mains appuyées sur le rocher fatal et les jambes dans la mer jusqu'aux

L'épreuve du tanguin.

genoux, pendant un laps de temps dont la durée était fixée. Si les lames qui viennent toujours se briser avec fracas sur les rochers dont cette côte est hérissée ne leur couvraient qu'une partie des cuisses, ils étaient déclarés innocents. Mais si par hasard une goutte d'eau détachée de la lame venait mouiller la partie supérieure de leur corps, ils tombaient aussitôt percés de coups de sagayes. »

L'épreuve par le feu se faisait au moyen d'un fer chaud que l'on passait sur la langue de l'accusé ; s'il ne résultait aucune brûlure, il était libre, sinon, on le tuait.

Le tanguin, qui sert à l'épreuve par le poison, est un grand arbre, appelé le *tanguinia veneniflua*, la tanghinie vénéneuse des botanistes. Son fruit, de forme oblongue, est de la grosseur d'une pêche et de teinte rouge. Le suc de son noyau, pris à certaine dose, a la propriété de coaguler, plus ou moins vite, le sang dans les veines, en occasionnant d'atroces souffrances.

Quand un accusé est soumis à l'épreuve du tanguin, son accusateur, s'il est du même rang que lui doit subir la même épreuve, et les juges donnent gain de cause à celui qui a le moins souffert.

Si l'innocence de l'accusé est établie par les seuls témoignages, l'accusateur lui doit une indemnité. Lorsque c'est par l'épreuve judiciaire et que l'accusateur est d'une classe inférieure à celle de l'inculpé, il devient l'esclave de celui-ci. S'ils sont tous deux de la même classe, l'accusateur subit la peine qui aurait été infligée à l'accusé s'il eût été reconnu coupable.

La sorcellerie et la violation des tombeaux sont punies de mort.

L'homme coupable de meurtre ou d'empoisonnement, est livré à la famille de sa victime, qui peut le tuer ou lui infliger une forte amende, selon la classe à laquelle il appartient.

Le vol est puni par l'esclavage. Quiconque a manqué de respect aux ancêtres d'un autre, doit à celui-ci une indemnité proportionnée à l'insulte.

Pour tout dommage causé à un individu de condition libre, l'accusé est tenu de lui payer des dommages proportionnels.

Ces lois, nous l'avons dit, sont celles des Malgaches indépendants ; les Hovas sont régis par le nouveau code hova, promulgué en 1868, le jour du couronnement de la reine Ranavalo II. Ce code contient 305 articles répartis en 31 chapitres.

« C'est une indigeste compilation où la législation criminelle coudoie la législation civile et réciproquement. Certains de ces articles font sourire, d'autres font hausser les épaules ; il y en a qui soulèvent du dégoût. En résumé, l'ensemble consacre la plus affreuse tyrannie : c'est le despotisme, l'arbitraire sauvage à peine masqué par quelques exhibitions de principes libéraux. C'est, de plus, le mensonge organisé. La délation est obligatoire même entre parents. Les *intentions* sont punies et passibles des mêmes peines que le crime accompli. »

Pour se convaincre que ce code est bien conçu et écrit par les protestants anglais qui ont accaparé tout l'entourage de la reine et le pouvoir à Tananarive, il suffit de lire dans le chapitre xxiv, intitulé *Médicaments*, un article assez curieux qui défend la culture du pavot. Or, l'usage de l'opium n'existe pas à Madagascar; l'Angleterre, prévoyante, a voulu réserver à ses possessions de l'Inde la culture de l'opium, et à ses nationaux le monopole de ce commerce si lucratif.

Dans toute l'île de Madagascar, il n'y a qu'une seule langue. Les différences qui existent dans le langage des diverses tribus ne sont ni assez nombreuses, ni assez marquées pour que les habitants des points de l'île les plus opposés éprouvent quelque difficulté à converser entre eux.

La construction de la langue malgache est simple et facile ; elle possède une admirable flexibilité, ce qui fait que l'on peut sans peine communiquer des idées nouvelles aux Malgaches.

Il n'y a pour les substantifs ni genre, ni nombre, ni cas ; des particules remplissent le rôle des flexions de la déclinaison ; la distinction entre les substantifs et les adjectifs n'existe pas, les Malgaches joignent la qualité à l'objet qualifié et n'en font qu'un seul mot : comme lorsque nous disons : la *ville-lumière*. Comme la déclinaison, la conjugaison se fait par des particules préfixes; c'est ainsi que l'on distingue les temps et les modes.

L'abondance de syllabes en *a*, *o*, *i* donne à la langue malgache une grâce et une harmonie qui se prêtent admirablement à la poésie et à la musique.

Autrefois, et jusqu'en 1816, c'est-à-dire jusqu'à l'arrivée des Anglais à Madagascar, l'alphabet malgache se composait de caractères arabes, que très peu pouvaient écrire; les Malgaches n'avaient donc qu'une littérature orale; aujourd'hui ils écrivent leur langue avec des caractères français, et la parlent avec la prononciation française.

Le but poursuivi par les méthodistes anglais, en important à Madagascar les lettres romaines, était la création d'imprimeries et la fondation de journaux destinés à augmenter leur influence et à répandre leurs idées parmi les Hovas; Madagascar possède *huit* feuilles périodiques, dont *six* en langue malgache et deux en anglais; ces publications sont entièrement rédigées par les pasteurs protestants anglais et sont, pour la plupart, imprimées par les presses de la « London Missionary Society ».

Voici leurs noms, et le chiffre de leur tirage :

1º *Ny-Gazety-Malagasy,* le premier journal fondé à Madagascar; il a paru le 1ᵉʳ janvier 1875; 4 000 exemplaires.

2º *Seny-Soa* (les bonnes paroles), mensuel; 3 500 exemplaires.

3° *Varytou-drahan Tautely* (riz mêlé de miel), illustré avec les gravures du journal anglais le *British Museum*, paraît tous les deux mois et tire à 3000 exemplaires.

4° *Mpanolo-Tsaina* (le conseiller), format in-8°, 396 pages, paraît tous les trois mois et se vend à 700 exemplaires.

5° *Sakaizany-Ankizy Madineka* (l'ami des enfants), revue annuelle publiée par la « Friend's Foreign Mission Association »; 2500 exemplaires.

6° *Isan-Kerintaona*, revue annuelle, publiée par la même association, et illustrée.

7° *Antananarivo annual and Madagascar Magazine*, imprimé en anglais; 700 exemplaires.

8° *Proceedings* (mémoires) de la société savante malgache.

Cette innovation, introduite par les Anglais, a permis, disions-nous, aux Malgaches de se créer une véritable littérature, originale et personnelle ; nous ne croyons pas qu'ils en aient profité, et pour en donner un spécimen, il nous faut remonter dans le passé ; nous ne trouvons alors que des poésies, des chansons et des proverbes ou sentences.

Les poésies dont Parny, le poète créole de l'île de la Réunion, a traduit quelques-unes sont généralement des invocations adressées par le chanteur à une personne qui lui est chère.

Voici la chanson dite en chœur par les femmes mal-

gaches au couronnement de la reine Ranavalo II, en
1868; nous en copions le texte dans la grammaire de
Baker :

> Rabodo Andrianampoienimerina,
> Au sud d'Ambatonafoudra,
> Au nord d'Amboinsimika,
> A l'ouest d'Amboimenandra,
> A l'est d'Amborinzanahary,
>   Vivez Rabodo.

> Et vous, Ramboasalam (compétiteur au trône de Radama II),
> Et vous, Rakoto Radama,
> Et vos nombreux parents qu'on ne saurait compter,
> Des pièces d'argent forment le sol que vous foulez ;
> Les angles de vos habitations sont des fusils ;
>   Vous ne vous enorgueillissez pas de votre puissance.

> L'enceinte que vous habitez est tapissée de lances et tapissée
> d'hommes, ô Rabodo Andrianpoiemerina.
> Comme un arbre qui croît seul dans le fleuve, peu ont le droit de
> l'abattre.

>   Vous êtes notre maîtresse.

> La nouvelle lune de l'ouest, la pleine lune de l'est, les arbres
> d'Amboimanga, qui deviennent énormes, contemplent la jeune sou-
> veraine.

> Rabodo règne là.
> Les petits ont leurs biens et les grands ont les leurs.
>   On ne se heurte pas en route.
>   On ne se fatigue pas.
>   Vivez Rabodo.
> Vous n'avez de haine contre personne.
> Ceux qui ont leurs pères et leurs mères sont gros et gras.

Quant aux sentences morales, en voici quelques-unes recueillies par M. Lacaze :

Riches, ne soyez pas orgueilleux ; pauvres, ne vous découragez pas.

Il est difficile de trouver la fortune, et on pleure pour l'avoir.

Ne charpentez pas un arbre encore debout.

Beaucoup veulent avoir qui ne sont pas favorisés.

Ne regrettez pas ce qui n'est pas; chacun a son lot.

Veillez à votre bouche (langue) : les taches faites avec la boue se lavent avec de l'eau ; celles faites avec la bouche amènent des dépenses et des procès.

La foudre qui tombe n'a pas deux éclairs.

Voici deux fables ou contes, dont la seconde rappelle le *Renard et le Corbeau*.

LE SANGLIER ET LE CAIMAN.

Un sanglier de maraude suivait les bords escarpés d'une rivière où s'ébattait un énorme caïman en quête d'une proie. Averti par les grognements du sanglier, le caïman se dirige de son côté :

— Salut, lui dit-il.

— Finaritra... finaritra, répond le sanglier.

— Est-ce toi dont on parle tant sur la terre ? demande le caïman.

— C'est moi-même... Et toi, serais-tu celui qui désole ces rives paisibles ?

— C'est moi-même, répond à son tour le caïman.

— Je voudrais bien essayer ta force.

— A ton aise, de suite si tu veux.

— Tu ne brilleras guère au bout de mes défenses.

— Prends garde à mes longues dents. Mais, dit le caïman, comment t'appelle-t-on ?

— Je m'appelle le *père coupe-lianes sans hache, fouille-souches sans bêche, prince de la destruction* ; et toi, peux-tu me dire ton nom ?

— Je m'appelle *celui qui ne gonfle pas dans l'eau ; donnez, il mange ; ne donnez pas, il mange quand même.*

— C'est bien, mais quel est l'aîné de nous deux ?

— C'est moi, dit le caïman, car je suis bien plus gros et plus fort.

— Attends, nous allons voir.

En disant ces mots, le sanglier donne un coup de boutoir et fait écrouler une énorme motte de terre sur la tête du caïman, qui reste étourdi sur le coup.

— Tu es fort, dit-il, après s'être remis ; mais à ton tour attrape cela.

Et lançant au sanglier surpris toute une trombe d'eau, il l'envoya rouler loin de la rive.

— Je te reconnais pour mon aîné, s'écrie le sanglier en se relevant, et je brûle d'impatience de mesurer ma force avec toi.

— Descends donc, dit le caïman.

— Monte un peu, je descendrai.

— Soit.

D'un commun accord ils se dirigent vers une pointe de sable où le caïman n'avait de l'eau que jusqu'à mi-corps. Le sanglier bondit alors, tourne autour de lui, évite sa gueule formidable et, saisissant l'instant favorable, il lui ouvre, d'un coup de ses défenses, le ventre, de la tête à la queue.

Le caïman rassemble ses dernières forces, et profitant du moment où le sanglier passe devant sa gueule béante, il le saisit par le cou, le rive à ses dents et l'étrangle.

Ils moururent tous deux, laissant indécise la question de savoir quel était le plus fort.

On tient ces détails d'une chauve-souris présente au combat.

Cette fable, dans la bouche d'un Malgache connaissant bien sa langue et doué d'imagination, a, paraît-il, beaucoup de mouvement et de vie.

LA COULEUVRE ET LA GRENOUILLE.

Une grenouille fut surprise en ses ébats par la couleuvre, son ennemie ; la couleuvre la retenait par la jambe de derrière.

— Es-tu contente ? demanda la grenouille.

— Contente, répondit la couleuvre en serrant les dents.

— Mais, quand on est contente, on ouvre la bouche et l'on prononce ainsi : contente ! (en malgache, *kravo*.)

— Contente, dit la couleuvre en ouvrant la bouche.

La grenouille, se sentant dégagée, lui donna des deux pattes sur le nez et... s'enfuit.

La morale est que l'on peut se tirer du danger avec de la présence d'esprit.

Outre ces contes et fables, les Malgaches improvisent souvent des énigmes, des charades (rahamilahatra), mot à mot des paroles qui s'alignent.

En voici un exemple :

Trois hommes, portant l'un du riz blanc, l'autre du bois coupé, le troisième une marmite et venant de trois directions différentes, se rencontrent près d'une source, dans un lieu aride, éloigné de toute habitation. Il est midi et chacun d'eux, n'ayant encore rien mangé, est fort désireux d'apprêter le repas ; mais il ne sait comment s'y prendre, puisque le maître du riz n'est pas le maître du bois et que celui-ci ne peut disposer de la marmite. Cependant, chacun y met du sien, et le riz est bientôt cuit.

Mais au moment du repas chacun réclame pour lui seul le déjeuner entier.

Quel est le maître du riz cuit ?

Les auditeurs malgaches sont indécis, chacun des trois hommes paraissant avoir un droit égal au déjeuner.

CHAPITRE IX

Productions du sol. — Minéraux. — Commerce. — Industrie.

On peut difficilement imaginer un sol plus fertile, un pays plus riche que Madagascar. « Quel admirable pays ! écrivait Commerson en 1771; c'est le paradis du botaniste. »

La constitution géologique de l'île, sa situation climatérique, la succession de plaines, de plateaux élevés, de hautes montagnes, d'où coulent d'innombrables rivières, rendent Madagascar propre à toutes les cultures. On y récolte et les fruits des pays tropicaux, et les légumes de la zone tempérée : le riz dans les plaines irriguées et dans la région marécageuse; le blé, sur les hauts plateaux, et presque partout la canne à sucre, le café, le coton et l'indigo.

Ces cultures ne sont pas encore développées; mais les essais qui ont été tentés jusqu'ici ont fait plus que de donner des espérances, ils ont déjà donné des résultats.

Sur la côte orientale, la culture du riz a pris une importance tellement considérable, qu'il y a quelques années, une maison de Marseille a fait construire à Manhoro une grande usine à décortiquer et à nettoyer le riz ; cette maison a dépensé 300 000 francs pour l'installation de ses machines ; c'est la meilleure preuve que l'on puisse donner des résultats que l'on peut attendre de la culture du riz à Madagascar. Maurice et la Réunion sont déjà tributaires de la grande île pour ce produit d'alimentation, qui constitue la base de la nourriture des habitants de toute cette partie du monde.

Une plantation de café, créée par la même maison, a donné, dès les premières années, de *quinze* à *vingt mille* kilogrammes d'un excellent café, qui se vend en France sous la marque de café Bourbon.

La canne à sucre vient à l'état de nature, elle atteint· une grosseur et une longueur doubles de celle de la Réunion ; on la cultive plus particulièrement sur la côte orientale ; toute cette région possède des plantations admirables. Dans sa déposition devant la commission d'enquête sur les événements de Madagascar, M. Thomas des Essarts, ancien négociant à Madagascar, cite les chiffres suivants : « Dès 1865, nous avons chargé sur nos navires jusqu'à un million deux cent milliers de sucre à la fois, faits sur les propriétés de la côte est... Le docteur Rogers devait faire cette année deux millions de livres de sucre sur ses propriétés ; M. Pruche devait en faire un million de livres. Je ne connais pas les quantités que devaient faire les autres propriétaires. »

Le cacao, l'indigo sont dans les mêmes proportions ;

quant au caoutchouc, une seule maison de Marseille en importe annuellement pour plus de *un million* de francs.

Il est encore un autre produit qui entre pour un chiffre énorme dans les exportations, c'est une matière tinctoriale, l'*orseille*, qui se rencontre en abondance sur l'île ; pour la récolter on n'a pas encore pénétré dans l'intérieur des forêts.

A ces produits, ajoutons les plantes oléagineuses de toutes sortes, les légumes et les fruits d'Europe importés et acclimatés par M. Laborde.

La vigne vient sans culture, et le raisin qu'elle produit serait excellent, si l'on ne le cueillait avant sa maturité.

La pomme de terre, très recherchée des indigènes, est, à Madagascar, de qualité excellente.

Les bois de charpente et de construction sont très nombreux ; on en compte jusqu'à huit espèces : les bois d'ébénisterie de luxe sont aussi beaux que ceux de notre colonie de la Guyane.

La région minière de Madagascar n'a été explorée sérieusement que de nos jours. M. Grandidier, qui a écrit de si remarquables travaux sur Madagascar, a constaté l'existence de belles mines de cuivre et de plomb, dans les massifs métamorphiques situés à vingt lieues au sud-ouest de Tananarive. Il y a, en outre, à Imerina, des mines de manganèse et de plombagine que les indigènes emploient pour le vernissage de leurs poteries.

Le minerai de fer oligiste ou d'hématite se rencontre à chaque pas dans la partie montagneuse.

Le marbre blanc est commun au centre de l'île. En 1859, M. Fleuriot de Langle a constaté, sur la côte occidentale, la présence de beau marbre jaune veiné de blanc.

Longtemps, et dans un intérêt facile à comprendre, les méthodistes anglais ont nié la présence du charbon à Madagascar ; aujourd'hui, sa présence en masses considérables est prouvée non seulement par les récits de nombreux voyageurs, mais encore par le rapport de M. Guillemin, ingénieur, qui, en 1863, a fait une exploration de la côte du nord-ouest dans les baies de Passandava et de Bavatoubé. « La surface réellement utile, quoique fortement réduite, dit l'ingénieur, peut encore être évaluée à trois mille kilomètres carrés, surface supérieure à celle de tous les bassins houillers de France, qui n'est, en effet, que de deux mille huit cents kilomètres carrés. Cinq affleurements de houille ont été trouvés sur les bords de la baie de Bavatoubé. La qualité de ces houilles offre à peu près toutes les variétés : houille sèche, houille grasse et houille à gaz. Analysés à l'École des mines, à Paris, les échantillons ont donné des résultats satisfaisants (1). » Il est inutile d'insister sur l'importance qu'offre pour la France la possession de ce vaste gisement houiller, entre Toulon et la mer des Indes.

(1) *Documents sur la Compagnie de Madagascar,* page 250.

L'annonce de la présence de l'or à Madagascar a rencontré bien des incrédules; dans tous les pays de l'Afrique on parle de mines d'or, et cependant on n'y croit pas; mais l'existence du précieux métal à Madagascar est maintenant un fait avéré : M. Grandidier assure qu'on a trouvé récemment de l'or dans un petit affluent de l'Ikioupa, du côté de Mahavetanane. Un négociant de Marseille a reçu, dans les six derniers mois de l'année 1883, pour trente-six mille francs de poudre d'or, et un ancien agent de ce négociant, rentré en France pour rendre ses comptes, est reparti tout dernièrement pour Madagascar dans le but d'exploiter une mine d'or, de compte à demi avec le fils de Rainiliarivony, le premier ministre de la reine des Hovas.

Dans tout le plateau central, dans le Betsileo, l'Ankova et l'Antsianaka, on trouve le minerai de fer; les monts Ambohimiangara, à l'ouest de Tananarive, en renferment de telles masses, que les indigènes les ont surnommés les montagnes de fer.

« Les pierres précieuses trouvées jusqu'à présent à Madagascar ne sont ni belles ni variées; ce sont des améthystes, des aigues-marines, des opales. Mais le cristal de roche (*vatomahita*) y est en morceaux d'une abondance et d'une beauté extraordinaire. Fressange va jusqu'à donner au plus gros bloc vingt pieds de circonférence, exagération qui, peut-être, ne doit donner qu'une idée de leur dimension énorme... On en a surtout de belles carrières à Vohemar, qui en fait l'exportation. Malgré la loi, les Hovas les exploitent et l'achètent aux indigènes, à raison de quinze à vingt piastres (75 à 100 francs) les 100 livres (1) ».

A ces richesses du sol, nous devons ajouter les bestiaux :

Les immenses pâturages de Madagascar nourrissent un nombre incalculable de bœufs, de moutons et de porcs à l'état sauvage, croissant et multipliant sans qu'on s'en occupe. Dans toute cette partie du monde, le bœuf manque absolument : il n'existe ni sur la côte d'Afrique, du Cap à Zanzibar, ni aux Seychelles, ni à Maurice, ni à la Réunion. C'est Madagascar qui approvisionne de viande de boucherie tous ces pays. De nombreux boutres arabes sillonnent sans cesse le détroit de Mozambique, venant charger des bœufs sur la côte occidentale de Madagascar; toute la viande consommée par les cinq cent mille habitants de Maurice et de Bourbon arrive de Madagascar. Une seule maison envoie chaque année quinze mille bœufs à Maurice et sept mille à la Réunion. L'abondance du bétail est telle, que, malgré ces chiffres déjà énormes prélevés sur les troupeaux, Madagascar exporte encore chaque année de cinq à six cent mille cuirs; le port de Majunga, à lui seul, en livre annuellement cent cinquante mille.

La viande et la graisse de ces bœufs, tués sur place, est perdue; ce serait encore là une industrie à créer. Quant aux porcs, ils sont si nombreux, qu'ils n'ont

(1) H. d'Escamps, déjà cité.

qu'une valeur minime ; la volaille ne vaut guère plus que l'œuf. Les bestiaux sont frappés d'un droit à la sortie, ainsi que les cuirs.

Toutes les peaux sont exportées salées, et Madagascar ne produit pas de sel ; il y a bien, il est vrai, des salines sur la côte occidentale, mais elles sont peu considérables, et ne sont pas encore exploitées. Ce fait est fort intéressant, et malgré son peu de valeur intrinsèque, le sel a pour le commerce français un intérêt considérable : nos navires, partant de Marseille et allant charger des marchandises à Madagascar, sont souvent obligés de voyager sur lest ; or, les salines de Bouc et d'Hyères, dans le voisinage de leur point de départ, peuvent leur fournir un fret pour aller. Les navires anglais qui se dirigent sur Madagascar, chargent du charbon ; aussi, certains de ne pas faire un voyage à vide, ils vont volontiers à Madagascar ; mais il en sera tout autrement le jour où les houillères de la grande île seront exploitées : nos bâtiments viendront chargés de sel, tandis que les navires anglais devront venir sur lest ; ce sera là, pour notre marine, un avantage considérable et qui mérite bien qu'on s'y arrête.

Au point de vue commercial Madagascar est, et sera longtemps encore, un pays de consommation où les produits de notre industrie trouveront un débouché assuré. La grande île compte une population de trois millions d'habitants environ, dont deux millions, au moins, demandent à la France, à l'Angleterre, à l'Allemagne, des marchandises fabriquées ; en échange, elle leur rend des matières brutes, les produits de son sol fertile, et quand l'exploitation de ses richesses minérales ne sera plus prohibée par les Hovas, on retirera de ses mines l'or, le cuivre, le fer, le manganèse, le mercure et la houille.

Déjà, grâce à quelques maisons françaises établies à Madagascar, c'est notre pays qui fournit aux Malgaches presque tous les produits alimentaires européens, conserves, spiritueux, vermouth, absinthe, eaux-de-vie ; les indigènes connaissent et demandent les marques françaises, qu'ils apprécient et parmi lesquelles ils savent faire une différence. C'est la France aussi qui fournit le vin. Les tissus, excepté les cotonnades écrues, qu'ils tirent principalement d'Amérique, et tous les articles de vêtement viennent, pour la plus grande partie, de Paris et de Marseille.

Madagascar demande à notre colonie de la Réunion du rhum en grande quantité, et l'on nous assure que le manque de ce liquide, qui ne vient plus depuis le commencement des hostilités, est une des plus grandes privations des Hovas. A la reprise des transactions, il y a là un débouché sûr et constant pour les rhums de la Réunion.

Ces articles d'importation, dont la vente ne peut que s'accroître de jour en jour, et prendre rapidement un développement considérable, sont frappés, à l'entrée

sur le territoire malgache, d'un droit de douane de
10 p. 100 *ad valorem;* « mais les douanes hovas sont
aussi mal organisées que possible. Les douaniers mettent
dans leur poche l'argent qu'ils reçoivent et il n'en arrive
certainement pas grand'chose à Tananarive. » Que l'on
suppose un système de douane bien installé, — la chose
est toujours facile dans une île ; il suffit d'indiquer, dès
le principe, les ports dans lesquels les transactions se
feront, et de surveiller les côtes avec des bâtiments
légers ; — supposons, disions-nous, un service de
douane bien organisé, et l'on verra quel rendement on
peut obtenir sur l'importation seulement.

Nous disions que, pendant longtemps encore, Madagascar serait tributaire de l'Europe, qu'elle est un pays
de consommation et non de production.

En effet, si les Malgaches montrent une grande
adresse et une grande habileté dans la fabrication des
objets qu'ils emploient, le nombre en est fort restreint.
Les indigènes excellent surtout dans la construction des
pirogues, le travail du fer, le tissage des étoffes de soie
et la fabrication de petits objets en corne.

Les pirogues sont de plusieurs sortes : pirogues en
planches, pirogues d'une seule pièce, pirogues à balancier et pirogues des Anta'ymours.

« Les pirogues en planches, que les Malgaches appellent *lakan'drafitra* ou *lakan'-pafana* (traduction littérale
de la dénomination française), sont composées de dix-
sept pièces sans compter les bancs, dont le nombre varie

suivant les proportions de l'embarcation. Il y en a sept, huit et jusqu'à neuf placés à une égale distance l'un de l'autre.

« Dans le milieu et sur le devant, on en met deux l'un sur l'autre, on les perce pour y planter les mâts, dont le pied repose dans une carlingue pratiquée à cet effet sur la quille. Les bancs se nomment *sakan*, largeur ; celui de derrière, qui forme une espèce de tillac et qui sert de siège au timonier, s'appelle *sakan'poulan*, banc qui n'a rien derrière lui. »

Le bateau a la forme d'un ovale allongé, un peu relevé à l'arrière.

Une pirogue de sept bancs mesure ordinairement six mètres de long sur quatre de large ; son équipage se compose de six hommes et d'un patron ; elle jauge une tonne et demie. La pirogue de huit bancs a sept mètres sur quatre et demi, porte deux tonnes et demie, quatorze rameurs et un patron. Celle de neuf bancs porte cinq tonnes et quinze personnes ; elle a dix mètres sur sept.

En 1774, l'ingénieur Mayeur se rendit de Foulpointe à la baie d'Antongil dans une pirogue de ce genre, avec cent soixante personnes.

Les voiles sont faites de rabans et gréées comme nos barques. Ces bateaux tiennent très bien la mer, et marchent assez vite.

Les *lakan'-kan'-ongoutche*, littéralement pirogues-jambes, sont creusées dans un seul tronc d'arbre ; elles sont longues, étroites, et si peu stables, qu'elles chavirent souvent.

Sur la côte occidentale, les habitants emploient les mêmes pirogues que les précédentes, mais elles sont plus petites, plus légères et plus commodes pour franchir les bancs. Comme elles sont trop légères pour tenir sur le flot, elles sont munies, comme celles des Polynésiens, d'un long balancier terminé par une petite plateforme, destiné à les maintenir à la surface de l'eau.

Les Anta'ymours emploient des embarcations moins grandes que les lakan'drafitra ; elles sont très légères, très rapides et construites avec beaucoup de soin. On ne peut se faire une idée de la vitesse avec laquelle elles effleurent l'eau.

Malgré les nombreux essais tentés par les Anglais pour perfectionner le travail du fer chez les Malgaches, ceux-ci ont presque tous conservé leur ancienne façon de forger. Les soufflets surtout sont d'une extrême simplicité et très curieux : ils se composent de deux troncs d'arbres percés d'un bout à l'autre, à l'exception d'une petite portion de l'extrémité inférieure qui forme le fond et au-dessus de laquelle est un trou. Deux petits tubes de fer, placés dans les trous pratiqués au-dessus du fond, entrent, en se réunissant, dans un foyer en maçonnerie, consolidé avec de la terre glaise. Ce foyer a la forme d'un cône et son sommet se termine par un tuyau destiné à laisser passer la fumée. Chacun des troncs d'arbres servant de soufflet a un piston garni d'étoupe,

A. DASSAN.

Forgerons malgaches

que le souffleur fait aller alternativement ; ils produisent beaucoup de vent.

Le fourneau en maçonnerie ne sert que pour la fonte du minerai de fer ; quand ils forgent une pièce de métal, ils se contentent d'allumer un feu sur une pierre plate où viennent aboutir les deux tubes du soufflet.

Les Malgaches tissent eux-mêmes les étoffes qui servent à fabriquer leurs vêtements : *salaka, lamba,* faits d'une étoffe connue en Europe sous le nom de *pagne* et de *rabans,* suivant leur finesse.

Ces pagnes sont tissés avec les fibres retirées des folioles de la feuille du rafia, palmier très commun à Madagascar.

Les métiers avec lesquels les indigènes tissent ces étoffes sont des plus élémentaires :

« Qu'on se figure, écrit M. de La Vaissière, six petits pieux de vingt centimètres de haut, plantés en terre et disposés en rectangle ; ils servent à tendre les fils. Une navette passant successivement d'un côté à l'autre, ainsi qu'une règle faisant fonction de peigne et destinée en même temps à serrer les tissus, c'est là tout l'appareil. »

A mesure que l'étoffe se tisse, elle vient s'enrouler sur une pièce de bois carrée, dont les deux bouts sont percés ; dans ces deux trous entrent des chevilles fixées horizontalement à deux poteaux. Les fils qu'emploient les tisserands n'ont guère plus d'un mètre de long, aussi sont-ils obligés de les nouer à chaque instant ; mais ces nœuds sont si bien faits qu'on les distingue à peine dans le tissu.

Pour teindre ces étoffes, les Malgaches trouvent sur leur sol et dans leurs forêts tous les sucs nécessaires.

Ils montrent une égale habileté à tresser les joncs

Tisseuse malgache.

fins, souples et résistants des marécages, pour en former des chapeaux, des nattes et des boîtes. La corne, opaque ou transparente, fournit un autre mode ingénieux d'industrie : des cuillers, des fourchettes, des assiettes, des gobelets, des tabatières, des vases à tous usages. « L'ouvrier indigène commence par chauffer à petit feu cette matière réfractaire, et, dès qu'elle est assez ramollie par la chaleur, il la découpe en lames plus ou moins épaisses. Ensuite, il chauffe chacune des lames séparément. Devenues assez molles pour céder à une pression ordinaire, il les place dans un moule en bois et les étend de manière à leur faire prendre parfaitement la forme du moule. La corne, refroidie, sortira de ce moule, assiette, cuiller, etc. Quelques coups de polissoir achèveront l'ouvrage. »

Outre ces différents produits, les Malgaches font encore de la poterie et diverses pièces d'orfèvrerie ; mais, en général, les Malgaches sont plutôt pasteurs, agriculteurs et pêcheurs que fabricants.

CHAPITRE X

ÉTABLISSEMENTS FRANÇAIS DE MADAGASCAR.

I

DIEGO-SUAREZ.

Par suite du traité intervenu entre la République française et la reine des Hovas, traité ratifié par la Chambre des députés le 22 avril 1886, la France s'est réservé le droit (art. xv), d'occuper la baie de Diego-Suarez et d'y faire des installations à sa convenance.

Nous allons donner une courte description de cette baie, qui est réputée la plus belle du monde.

« La première baie que l'on trouve, après avoir doublé le cap d'Ambre, pour descendre le long de la côte orientale, est celle d'Antombouc ou Diego-Suarez, qui offre d'excellents mouillages; elle se compose, à proprement parler, de trois baies appelées par les Malgaches : *Douvouch-Foutchi*, la baie des cailloux blancs; *Douvouch-Varats*, la baie du tonnerre ; *Douvouch-Vasa*, la baie des blancs, et, enfin, d'une quatrième baie très praticable, à laquelle on parvient par un canal sinueux, et qui, reconnue par la corvette la *Nièvre*, a pris le nom de *port de la Nièvre* et enfin le *cul-de-sac gallois*. Rapprochée des autres mouillages sous le rapport de la salubrité et de la commodité des approvisionnements, la baie de Diego-Suarez présente des avantages que l'on chercherait vainement ailleurs. »

« L'entrée de Diego-Suarez, dit M. Barbié du Bocage, a environ 2 400 mètres de longueur sur 2 000 mètres de largeur; mais cette dernière dimension est diminuée, en un point, de près de 1 000 mètres par un banc de sable tenant au côté nord. Sur le point le plus resserré du chenal d'entrée, presqu'en son milieu, à l'extrémité du banc de sable, se trouve une île nommée île de la Lune ou Nossi-Volane, qui a 600 mètres de longueur dans une direction à peu près parallèle au rivage. Elle semble admirablement placée pour défendre l'entrée de la baie... La profondeur du chenal varie entre 20 et 30 brasses, ou 32 et 48 mètres, c'est-à-dire plus qu'il n'est nécessaire aux plus grands vaisseaux.

« La grande baie de Diego-Suarez, dont le centre forme un magnifique bassin de 10 kilomètres de long sur 7 de large, avec des profondeurs de 15 à 30 brasses, 24 à 48 mètres, jouit de deux avantages inappréciables pour les navigateurs : le fond sur lequel reposent ses eaux est, presque partout, de sable ou de vase, et, sur un grand nombre de points, excepté à l'orient de la baie des Français, on trouve tout près de terre 8, 9, 10 et

15 brasses, ou 13, 14, 16 et 24 mètres d'eau, ce qui permettrait d'établir de magnifiques quais de carénage qu'accosteraient les plus forts navires. Enfin, on ne peut donner une idée plus juste de la baie de Diego-Suarez qu'en disant qu'elle est, sous tous les rapports, la copie exacte de la baie de Sébastopol, les avantages dont jouit cette dernière étant centuplés. »

Telle est la situation magnifique que la France occupe actuellement, et où elle a déjà commencé les travaux nécessaires pour en faire notre meilleur port de relâche sur la route de l'Extrême-Orient.

Nous avons vu, dans les chapitres précédents, qu'à différentes époques, nous avions acquis, par des traités avec les indigènes, la possession de quelques îles sur les côtes de Madagascar ; ces îles sont actuellement des colonies de la France ; c'est : Sainte-Marie de Madagascar, Mayotte et Nossi-Bé.

II

SAINTE-MARIE.

La petite île de Sainte-Marie s'étend à l'est de Madagascar, dont elle est séparée par un canal large de sept kilomètres.

Les Arabes qui venaient trafiquer sur la côte orientale d'Afrique, aux Comores et dans les îles voisines, l'appelaient *Nossi-Ibrahim*, île d'Abraham ; les Malgaches la

nomment *Nossi-Bourah* ou *Boraha*, du nom d'un pê-
cheur qui, selon la légende, l'aurait découverte.

« Surpris par la tempête et sur le point de sombrer,
Boraha fut sauvé par un poisson énorme, qui lui offrit
son dos et lui proposa de le déposer sur la première
terre qu'ils rencontreraient, à la condition qu'en échange
de ce service, le marin pourvoirait à sa nourriture et
lui fournirait des coquillages en abondance.

« Boraha accepta l'offre, et, après une longue traversée, aborda sur l'île de Sainte-Marie, lui donna son
nom et enseigna aux habitants l'art de construire de
longues pirogues en planches (1). »

Sainte-Marie suit une direction oblique et court, pa-
rallèlement à Madagascar, sur une longueur de cinquante kilomètres; sa largeur moyenne est de trois
kilomètres, et sa superficie de *quinze mille cinq cents*
hectares. La côte orientale, assez régulière, forme, vers
le milieu de l'île, une péninsule longue et étroite qui se
dirige dans le même sens que la terre principale, vers
le sud. L'extrémité nord de Sainte-Marie se termine par
le cap *Albrand*. Au sud, un canal étroit la coupe diago-
nalement et forme une terre isolée nommée l'île aux
Nattes, finissant par la pointe *Blevec*.

A l'ouest, du côté de Madagascar, la côte est accidentée ; on y rencontre une série de baies, dont quelques-unes assez profondes constituent d'excellents ports.

(1) Fernand Hue et Georges Haurigot. *Nos Petites Colonies*. Paris,
1886, 3ᵉ édition.

Le principal est le port Sainte-Marie; c'est un golfe assez étendu, formé par l'embouchure de deux petites rivières, la *Anza* et la *Fittalia*; son entrée est défendue et protégée par deux petites îles : l'îlot *Madame,* que les habitants appellent *Luquaz;* cet îlot, où est le siège du gouvernement, mesure environ 125 mètres sur 300. Au sud-est de l'îlot Madame est l'île aux *Forbans,* où l'on a établi un dépôt de charbon.

Vue de la mer, Sainte-Marie offre un panorama ravissant; de nombreuses collines, reliées entre elles par une chaîne secondaire, qui court dans toute la longueur de l'île, s'élèvent couvertes d'une végétation luxuriante, et sur leurs versants, qui s'abaissent en pentes douces jusqu'au littoral, on croit apercevoir des terrains fertiles et verdoyants. Mais lorsqu'on pénètre dans l'intérieur de l'île, l'aspect change; ces collines que nous admirions du large ne sont que des monts abrupts et boisés, dont les flancs servent d'écoulement aux eaux pluviales, qui viennent, dans les bas-fonds du littoral, se mélanger avec les eaux de la mer et y séjournent. La stagnation de ces eaux a donné naissance à des alluvions composées de sables pierreux, de débris de végétaux; ils ont formé de véritables marais, ou entièrement découverts ou inondés par la mer au moment de la marée. Ces bas-fonds, dont quelques-uns servent en outre de lits à de petites rivières, sont surtout nombreux sur la côte ouest, qu'ils ont rendue tout à fait insalubre. Malheureusement, c'est la seule abordable.

Port Sainte-Marie (Ilot Madame).

La côte orientale, très saine parce que l'air est sans cesse renouvelé par la brise du large qui souffle toujours du sud-est, est inaccessible ; ses abords sont défendus par des polypiers et des roches madréporiques qui s'avancent très loin au large. Les Européens ont dû se fixer sur la côte occidentale, si malsaine, qu'en 1722 Carpeau de Saussay écrivait :

« Nous appelons Sainte-Marie le cimetière des Français, parce qu'il n'y a aucun navire qui n'y laisse bon nombre de personnes, pour peu de séjour qu'il y fasse... Il y règne un brouillard continuel et il y pleut sans cesse. »

Ce tableau est au moins forcé, et quoique l'insalubrité de notre colonie soit connue, nous croyons que Saussay exagère, ou que les conditions climatériques de l'île se sont modifiées ; voici, en effet, l'opinion d'un médecin de la marine, M. le docteur Borins :

« Un fait prouve que cette insalubrité n'est pas telle qu'on se l'imagine, c'est l'acclimatement presque complet d'Européens qui y vivent depuis un quart de siècle. Sans doute ils sont sujets à des accès de fièvres intermittentes, mais ils les supportent parfaitement. »

Comme la plupart des Comores et des îles de l'océan Indien, les ports de Sainte-Marie étaient connus des Arabes qui faisaient la traite des noirs, et des pirates qui infestaient cette partie de l'Océan, donnant la chasse aux vaisseaux qui se rendaient dans l'Inde.

Ils s'y étaient même installés, et s'étaient mêlés aux

indigènes, avec lesquels ils vivaient en bonne intelligence, ceux-ci profitant du bien-être et de la prospérité apportés dans l'île par ceux-là.

La Compagnie française des Indes, attirée par la réputation de richesse de l'île, y envoya, en 1750, un convoi d'émigrants sous la conduite d'un nommé Gosse; mais, soit que les indigènes vissent d'un mauvais œil notre arrivée dans leur patrie, soit que les nouveaux colons s'y fussent livrés à quelques excès, toujours est-il qu'ils furent massacrés en partie.

Après de sanglantes représailles exercées sur les habitants pour venger la mort de nos nationaux, la colonie se réorganisa sous l'influence d'un certain Labigorne, simple soldat, qui avait épousé la princesse Béti, fille de Ratzimilao, roi de l'île, et sœur d'un chef puissant de la grande terre de Madagascar.

Nous avons raconté comment, plus tard, Sainte-Marie fut prise par les Anglais et rendue à la France en même temps que notre colonie de la Réunion, ainsi que les tentatives de colonisation faites en 1821. C'est de cette époque que date l'installation du gouvernement sur l'îlot Madame.

Parmi les gouverneurs qui ont le plus contribué à l'amélioration de notre colonie, citons M. Schœlle, et, plus dernièrement, le commandant Lagrange, officier de marine distingué, qui a fait preuve d'une grande activité dans son gouvernement.

Il a ordonné des améliorations matérielles, des tra-

vaux d'assainissement et des essais agricoles en voie
d'exploitation.

L'administration de l'île se compose d'un résident,
gouverneur; d'un sous-commissaire de marine, ordonnateur, de quelques écrivains de marine et de deux
médecins.

A ses fonctions de gouverneur, le résident joint celles
de juge civil, juge correctionnel et juge de simple po-
lice. Les crimes commis dans l'île sont déférés à la cour
d'assises de la Réunion.

La garnison se compose d'une cinquantaine d'hommes
d'infanterie de marine commandés par un lieutenant.

Ainsi que nous l'avons indiqué plus haut, le siège du
gouvernement est dans l'îlot Madame; là se trouvent:
le *palais* du gouverneur; l'hôpital, qui contient cinquante lits; la caserne, les magasins et un arsenal en
miniature, avec un quai d'abatage pour la réparation des
navires.

Le port constitue un excellent refuge, où les bâtiments, suivant la route des Indes sous le vent de Maurice et de la Réunion, peuvent venir s'abriter contre les
cyclones, si fréquents dans ces parages. Mais il est peu
connu, et l'on ne saurait trop déplorer cette ignorance,
quand on songe au nombre considérable de sinistres que
l'on a rait pu éviter, si les capitaines étaient venus y
chercher un abri contre la tempête. C'est donc une
question à étudier, d'autant plus que le développement
pris chaque jour par notre commerce avec Madagascar

fera de Sainte-Marie l'entrepôt de tous les produits
venant de la côte orientale de la grande île africaine.

En face de l'îlot Madame, sur l'île même, s'élève le
village d'Ambodifotro, le centre le plus populeux de
l'île, la capitale. Il se compose de nombreuses cases ré-
pandues sans ordre sur le littoral, qui servent d'habitations aux indigènes. Ces cases sont faites de forts
branchages, entièrement recouverts de nattes épaisses
dont le tissu, très serré, protège parfaitement contre les
rayons brûlants du soleil et contre les pluies abondantes qui tombent pendant la plus grande partie de
l'année.

A l'extrémité sud du village s'élèvent quelques habitations plus confortables ; ce sont les demeures des
colons européens.

Un peu plus loin, l'église catholique, petite et très
simple, desservie par deux jésuites, puis l'école tenue
par les sœurs de Saint-Joseph-de-Cluny.

Non loin de là, on voit un fortin carré, ayant pu
contenir une dizaine d'hommes ; sur une des faces sont
gravées les armes de France et la date de 1753.

Outre Ambodifotro, l'île compte un certain nombre
de villages ; mais ce sont, pour la plupart, de simples
réunions de cases sans importance, et les seuls que l'on
puisse citer sont : Batalava, Bata, Pataka.

La population comprend 7170 habitants, dont trente
Européens, environ, non compris les employés et la

garnison. Les indigènes sont de race malgache; ils ont conservé la langue et les coutumes de leurs frères de la grande terre de Madagascar; nous ne les décrirons donc pas.

Les productions naturelles de l'île sont à peu près nulles : quelques bois de construction se rencontrent dans les nombreuses forêts qui couvrent sa surface, et les petites plaines fournissent des *ravenales;* à part cela, rien qui puisse être employé par l'industrie.

On a essayé d'introduire la canne à sucre, le cocotier, le girofle, le caféier et une grande variété de fruits et de légumes de toutes espèces. Ces tentatives ont assez bien réussi; les nouvelles plantations n'ont même pas eu à subir, ainsi qu'on pouvait le redouter, la période d'acclimatement. Tout récemment encore, on a tenté d'introduire la *ramie,* pour la substituer au rafia dans la confection des vêtements des indigènes.

Le commerce est peu important.

En 1880, le chiffre des importations s'est élevé à 181 602 francs, et celui des exportations à 110 000 francs.

La colonie reçoit presque tous ses objets de consommation de l'extérieur : de Madagascar, elle tire le riz, qui forme la base de l'alimentation des indigènes, et les bœufs, dont le nombre ne dépasse pas cent cinquante par an. Tous les autres objets, quincaillerie, mercerie, vins, farines, liqueurs, conserves alimentaires, etc., viennent de Maurice et de Bourbon; comme ces îles ne sont pas des centres de production, les marchandises ne peuvent arriver à Sainte-Marie que déjà grevées de frais de toute nature.

Moyennant une subvention annuelle de 62 050 francs, Sainte-Marie pourvoit à toutes ses dépenses. On a néanmoins établi dans la colonie quelques impôts dont le total s'élève à 15 191 francs. Ils se décomposent comme suit (1) :

Droits sur les emplacements . . .	1 103
Cote personnelle.	3 240
Contribution foncière.	1 090
Patentes.	2 665
Droits sur les spiritueux.	7 093
Total.	15 191

La monnaie française est la seule ayant cours à Sainte-Marie, mais cette monnaie est rare, attendu que les pièces de *cinq francs* sont employées par les habitants pour solder leurs achats à Madagascar, où c'est la seule pièce ayant cours. Aussi peut-on voir sur la grande île africaine toute l'histoire de France, depuis Napoléon jusqu'à nos jours, représentée par les effigies différentes que collectionnent les habitants.

« En résumé, dit M. H. Capitaine, dans une étude à laquelle nous avons emprunté quelques-uns des renseignements techniques de ce chapitre, Sainte-Marie de Madagascar est presque partout stérile ; les colons y

(1) Ministère de la Marine et des Colonies (*Notice statistique sur les Colonies*).

sont rares et l'espace manque pour y entreprendre la grande culture, seule rémunératrice dans ces contrées lointaines. Douze ou treize mille hectares de superficie, dont les deux tiers composés de marécages bordés de palétuviers, telle est cette île, débris de nos anciennes possessions sur cette grande terre de Madagascar que nos aïeux, à l'époque où la France savait encore coloniser, avaient nommée l'île Dauphine !

« Aujourd'hui, Sainte-Marie n'est plus à proprement parler qu'une sorte de sentinelle avancée destinée à rappeler, à maintenir nos droits, et à sauvegarder dans la limite du possible l'intégrité des intérêts français, toujours menacés par la compétition des Anglais et les prétentions des souverains hovas (1). »

III

MAYOTTE.

Après 1830, les événements dont Madagascar était le théâtre eurent leur contre-coup dans les Comores et particulièrement à Mayotte.

Les Baana-Kambo y gouvernaient depuis longtemps de père en fils. Le prince régnant ne fut pas peu surpris de voir un jour débarquer sur son île Andrian-Souly, souverain des Sakalaves du Boueni. Ce prince fuyait devant les soldats envoyés par Radama Ier pour sou-

(1) H. Capitaine. *Exploration*, avril 1878.

mettre toute la côte septentrionale de Madagascar. Andrian-Souly demandait l'hospitalité pour lui et quelques milliers de sujets qui l'accompagnaient. Or, Baana-Kambo était lui-même en guerre avec le sultan d'Anjouan. Il accueillit avec plaisir le renfort inespéré et donna à Andrian-Souly sa fille en mariage, et à celle-ci, comme dot, la moitié de son île.

Mais trois ans plus tard, effrayé des menaces de Radama, qui exigeait que l'ancien roi du Boueni lui fut livré, Baana-Kambo résolut de chasser Andrian-Souly de ses États ; il était trop tard. Ce dernier s'était créé dans la population un grand nombre de partisans; au lieu d'obéir, il se met à la tête des siens, inflige plusieurs défaites à son beau-père, le contraint à prendre la fuite et se fait nommer roi à sa place en 1839.

En 1841, M. Jehenne, capitaine de corvette, explorant le groupe des Comores, visita Mayotte, et fut frappé des avantages remarquables et jusqu'alors inconnus que présentait cette île comme siège d'un futur établissement. Peu de temps après, l'amiral de Hell envoyait M. Passot, capitaine d'infanterie de marine, pour traiter avec Andrian-Souly. Le souverain consentait à céder son île à condition que la France lui servit une rente annuelle de *cinq mille francs* et se chargeât de l'éducation de ses enfants.

Le traité fut signé le 25 avril 1841, ratifié par le roi Louis-Philippe le 10 février 1843, et, le 13 juin de la même année, nos troupes d'infanterie de marine prenaient solennellement possession de Mayotte au nom de la France.

Mayotte est située dans le canal de Mozambique, entre Madagascar et la côte orientale d'Afrique ; elle est comprise entre 12°45′-12°2′ de latitude sud et 42°43′-43°3′ de longitude est ; à 54 lieues au nord-ouest de Madagascar.

L'île s'oriente du nord au sud, en longueur, et mesure environ vingt et un milles marins sur deux à huit de large. Sa superficie est d'environ 30 000 hectares, non compris les îles Pamanzi, Zambourou et plusieurs autres îlots.

Vue du large, l'on n'aperçoit d'abord que la chaîne de montagnes qui la traverse dans toute sa longueur, dominant une côte dentelée de caps aigus et creusée de baies profondes. Cette chaîne est hérissée de nombreux pitons, dont les plus élevés atteignent six cents mètres d'altitude. Ils semblent surgir d'un fourré inextricable d'essences forestières variées à l'infini, dont le vert sombre forme, avec les pics dénudés et rougeâtres, un contraste des plus pittoresques.

Autour de l'île s'élèvent une rangée de récifs qui l'enceignent presque complètement ; heureusement, ils présentent entre eux des ouvertures qui, bien que étroites, suffisent au passage des plus gros bâtiments.

Nous trouvons à l'extrémité nord le cap Douamouiri ; en descendant vers l'est, la baie Langoui ; à l'est, la pointe Congo et la pointe Choa, où se trouve le village de ce nom, dont nous parlerons plus tard ; les anses Debeney et Ajangoua ; la pointe Amoro ; les anses Bandely-Nord, Bambo-Miambani, la pointe Sariley et l'anse Lapani ; à peu de distance de cette dernière, se dresse le mont Ouchougui, qui est, avec la pointe Choa, le sommet le plus élevé de Mayotte. A l'ouest se trouvent les caps Boeni et Noumoueli, qui s'étendent comme deux longs bras et embrassent la baie Boeni, la plus profonde et la plus sûre de l'île. Ses bords fertiles ne manqueront pas d'y attirer quelque jour une importante création agricole ou industrielle. C'est près de là que s'élevait jadis l'ancienne capitale, Chingouni, aujourd'hui complètement abandonnée. Enfin, en remontant vers le nord, nous trouvons encore la baie Soulou, la pointe Acna et le cap Mohila. Les caps qui s'avancent dans la mer, les baies qui s'enfoncent profondément, ces rétrécissements brusques que nous avons signalés, le développement inégal des contreforts de la chaîne centrale, tout cela, on le comprend facilement, donne à Mayotte la plus grande irrégularité de formes et un ensemble des plus tourmentés. On a dit que, vue de la mer, l'île présentait l'aspect d'un énorme poisson, dont l'arête dorsale aurait été mise à nu vers le milieu du corps, tandis que les deux extrémités auraient conservé leur enveloppe charnue.

Dans le bassin formé par l'île principale et la ceinture de récifs, se trouvent plusieurs petites îles : à l'est, Audrema, l'île Blanche, Zaoudzi, qui est le siège du

Village de l'île Mayotte.

gouvernement ; Pamanzi, qui est reliée à Zaoudzi par une espèce de jetée moitié naturelle, moitié artificielle ; Aranjua, Bouzi, très élevée et boisée jusqu'à son sommet. Au sud, l'îlot Bouni ; enfin, dans le nord-est, les îles Choazil et Zambourou, escarpées et absolument dépourvues de végétation.

Les centres les plus importants de la colonie sont les villages de Choa, Lapani, Passamenti, et surtout le chef-lieu Zaoudzi.

Tous ces villages se composent d'un grand nombre de cases en roseau, recouvertes de feuilles de latanier ; elles sont tantôt rangées en assez bon nombre, tantôt jetées pêle-mêle dans le plus grand désordre, toujours sales, et le plus souvent séparées les unes des autres par des tas d'immondices.

Choa est le village originaire, le seul qui existât dans l'île à notre arrivée. Passamenti a une rue principale d'assez bonne apparence.

« A l'époque de notre séjour à Passamenti, dit M. H. Capitaine, nous fûmes favorisés d'une fête religieuse assez curieuse. Dans une cour intérieure, exposée à un soleil brûlant et entourée d'une véranda où se trouvaient quelques bancs de bois grossièrement faits, étaient étendues, sur un large divan, plusieurs danseuses aussi laides que peu vêtues. Dans un coin, un orchestre composé d'un flageolet, de trois énormes tam-tams et d'un gigantesque gong, sur lequel un nègre vigoureux frappait à coups redoublés.

« Une des femmes commença une danse effrénée, ayant quelque analogie avec celle des derviches tourneurs. Au bout d'un quart d'heure de cet exercice, elle tomba épuisée ; l'on s'empressa de l'emporter, après lui avoir au préalable versé un seau d'eau froide sur la tête. Un Arabe, qui nous servait d'interprète, nous expliqua alors que les femmes qui étaient devant nous étaient possédées du démon, lequel ne consentait à lâcher sa proie que lorsqu'elle tombait en convulsions. A l'appui de son dire, nous vîmes les malheureuses créatures en question se lever successivement et tourner sur elles-mêmes, comme celle qui les avaient précédées, et finalement se rouler à terre en proie à une crise nerveuse des plus violentes.

« Nous restâmes près d'une heure à contempler ce spectacle étrange, mais à la fin nous n'y tînmes plus et nous sortîmes, chassés aussi bien par la chaleur et la poussière âcre et nauséabonde qui nous enveloppait que par le dégoût (1). »

Zaoudzi, ancienne capitale d'Andrian-Souly, est aujourd'hui le siège du gouvernement. Ce petit îlot mesure sept hectares de superficie. On y remarque surtout un hôpital, qui, malheureusement, est toujours plein, et une caserne occupée par une cinquantaine de soldats d'infanterie de marine auxquels sont adjoints autant de miliciens indigènes. Le costume de ces der-

(1) H. Capitaine. *Exploration*, 22 septembre 1878.

niers se compose d'une blouse bleue bordée d'un
liséré rouge, d'un pantalon de toile, et d'une toque
rouge en forme de galette. Quant à l'artillerie, elle
se réduit à quinze artilleurs et à autant de pièces de
canon, dont on se sert aux jours de fête ou pour
les saluts avec beaucoup de précautions. Le palais du
gouverneur est une habitation bourgeoise d'assez bonne
apparence, autour de laquelle se groupent les cases des
différents fonctionnaires.

Le sol de Mayotte, d'origine volcanique, est inégal,
onduleux, en général peu fertile. Il est coupé dans tous
les sens de ravins profonds, absolument à sec pendant
les chaleurs, mais que la saison des pluies transforme
en torrents impétueux.

Dans la partie montagneuse se rencontrent plusieurs
plateaux assez étendus et protégés, par leur position,
contre les dégâts que causent les pluies abondantes de
l'hivernage. Ces régions élevées sont les plus favorables
à la culture, d'abord parce qu'elles sont à l'abri des
vents généraux, et ensuite parce que leur élévation
moyenne leur permet de conserver plus longtemps l'hu-
midité nécessaire à la germination. Il faut encore citer,
à ce point de vue, certaines parties voisines du littoral.
Les contreforts des montagnes se terminent, le plus souvent, par des caps abrupts qui, par leur rapproche-
ment, forment des encaissements naturels. Les pluies torrentielles de l'hivernage y apportent de grandes quantités
de terres alluvionnaires d'une excessive fertilité.

Cette saison est déterminée par les lunes de décembre et de mars. La température moyenne est de 27° centigrades. Pendant le jour, une petite brise du sud-est, et pendant la nuit, des souffles légers du sud-ouest procurent aux habitants un soulagement relatif. Mais, néanmoins, la chaleur est étouffante et tout travail manuel est interdit aux Européens. Si l'on ajoute à cette température brûlante les effluves mortelles des marais fangeux disséminés un peu partout, on comprendra que Mayotte est une colonie des plus insalubres. Les fièvres de toute sorte y exercent leurs terribles ravages. Quand il fut question d'y établir des sucreries, on disait que les planteurs pourraient non seulement faire du sucre, mais encore le raffiner, leurs os devant fournir suffisamment le noir animal pour cet usage. Sur les 30 000 hectares de superficie de l'île, 1 550 seulement sont consacrés à la culture de la canne à sucre, qui y atteint rapidement son développement le plus complet, de 1 400 à peu près à la petite culture. Outre la canne à sucre et le rhum, les principales productions de l'île sont : le café, le riz, l'huile de coco, le tabac, le maïs, le manioc, la vanille, et une assez grande quantité de légumes divers. Le commerce est peu important, bien qu'il n'existe aucun droit de douane ; on ne rencontre pas une seule institution de crédit.

La population de Mayotte comprend 10 158 individus.

L'administration de la colonie est confiée à un commandant, habituellement un commissaire de marine, assisté d'un chef de service judiciaire. Le tribunal est composé d'un seul magistrat, qui porte, nous ne savons pourquoi, le titre de président. Un greffier est attaché au tribunal et remplit en même temps les fonctions de notaire. Les appels et les crimes sont jugés à la Réunion.

L'instruction publique est représentée à Mayotte par deux écoles, dirigées par un instituteur et une institutrice appartenant aux congrégations du Saint-Esprit et de Saint-Joseph de Cluny. La première est fréquentée par vingt garçons, la seconde par dix-huit filles. La presque totalité de la population est musulmane, et les enfants ne fréquentent pas volontiers les écoles; ils reçoivent l'instruction, qui se borne, du reste, à la lecture et au calcul, par les soins des plus anciens de chaque famille.

Le service du culte catholique a été assuré, en 1851, par les Spiritins. A cette époque, il passa entre les mains des jésuites, placés sous l'autorité du chef de la mission de Madagascar; en 1870, ceux-ci furent remplacés à leur tour par des Pères du Saint-Esprit.

Les travaux publics consistent presque uniquement dans la construction de maisons pour les fonctionnaires et dans l'entretien des routes qui relient entre eux les principaux établissements.

Somme toute, Mayotte est une colonie peu importante. Toutefois, nous sommes persuadé que si l'on exécutait dans l'île un certain nombre de travaux de drai-

nage et d'endiguement des eaux, elle deviendrait suffisamment saine; et alors un plus grand nombre d'Européens
y venant chercher fortune, elle prendrait assez rapidement une extension considérable. Nous n'y voyons guère
de remarquable aujourd'hui que le port, compris dans
le vaste cercle formé par les îles Zaoudzi, Pamanzi,
Boudzi, la partie de la grande terre située entre la
pointe Choa et le village indigène de Passamenti qui,
en cas de besoin, pourrait offrir un abri sûr à une
escadre tout entière. Nous devons dire cependant que,
depuis les premières années de l'occupation, les chiffres
de production, d'importation et d'exportation ont à peu
près triplé, et qu'un économiste des plus distingués,
M. Léopold Botet, conçoit de Mayotte une opinion très
favorable. Il assure qu'aucune colonie n'est mieux située
pour devenir, en peu d'années, le centre d'un commerce
considérable : « Elle est à peu près la seule escale de
tous les caboteurs arabes et antanarotes qui font la navigation de Madagascar et de la côte d'Afrique : qu'elle
soit approvisionnée des objets demandés par les populations malgaches et africaines, et la force des choses
fera de Mayotte l'entrepôt obligé de toutes ces populations, qui viendront y échanger les productions de leurs
pays contre nos produits européens. »

IV

Nossi-Bé, la grande île (*Nossi*, île; *Bé*, grande), est située près de la côte nord-ouest de Madagascar; elle mesure 22 kilomètres de long sur 15 de large; elle est comprise entre : 13°10′44″ — 13°24′47″ de latitude sud, et 46°4′32″ — 45°53′47″ de longitude ouest de Paris.

L'île est flanquée de six îlots; ce sont, à l'ouest, d'abord deux roches absolument stériles : Nossi-Tanga et Nossi-Nati, et plus loin, entre les deux, Sakatra, le jardin potager de Nossi-Bé.

Le bloc de montagnes à base arrondie, que l'on voit au sud-est, c'est Nossi-Cumba. Enfin, le V qui ouvre au nord ses deux immenses bras, c'est Nossi-Mitsiou.

Nous avons indiqué, dans un précédent chapitre, comment la France prit possession de ce groupe d'îles en 1840. Après la cession du territoire, la reine transporta sa résidence dans une petite baie située entre la pointe de Mahatinzo et l'anse de Passimena, où nous lui fîmes construire une jolie maison en maçonnerie; ses anciens sujets groupèrent leurs cases alentour, et telle fut l'origine de notre chef-lieu actuel. On lui donna le nom du contre-amiral qui avait négocié l'acquisition de cette terre, Hell-Ville.

Pour y arriver, on longe une langue de terre, large

d'environ trois cents mètres, et qui monte en pente douce jusqu'à une hauteur de quinze mètres au-dessus du niveau de la mer. Nous ne pouvons comprendre pourquoi on laisse subsister les marais pestilentiels qui la flanquent des deux côtés. C'est sur cette pointe même que s'élève Hell-Ville.

Les rues sont propres, bordées de petites maisons de pierre, aux toits pointus, assez coquettes ; leurs murailles extérieures disparaissent sous une couche épaisse de nattes, destinées à les défendre contre les rayons d'un soleil trop ardent.

Pendant la saison sèche, de décembre à mars, la température varie entre 19° et 26° ; pendant l'hivernage, le thermomètre oscille entre 28° et 31° ; c'est le temps des orages terribles qui illuminent presque chaque soir Hell-Ville, et l'assourdissent de leur tonnerre. C'est aussi l'époque où les fièvres de toutes sortes exercent leurs plus cruels ravages. A peu de distance du chef-lieu coule le Djabala, environné de vastes marécages, dont les émanations délétères sont une cause redoutable d'insalubrité.

C'est là qu'habitent les principaux de nos compatriotes : c'est d'abord le gouverneur, ou commandant particulier, le plus souvent un commissaire de marine, dont une large véranda précède le palais à un seul étage.

Il est assisté d'un aide-commissaire, ordonnateur, qui a sous ses ordres quelques commis de marine.

Voici la caserne, où un capitaine commande deux cents hommes d'infanterie et d'artillerie de marine.

Un peu plus loin, c'est l'hôpital militaire, très bien tenu, où quelques soldats, rongés par la fièvre et l'anémie, attendent avec impatience leur rapatriement.

Là est la demeure du président du tribunal de première instance ; ce fonctionnaire compose à lui tout seul toute la magistrature de notre colonie. Le ministère public est représenté par un officier ou un employé du commissariat. Les appels et les crimes se jugent à la Réunion.

Au presbytère, nous trouvons deux pères du Saint-Esprit et un catéchiste, à qui les jésuites ont cédé la place en 1879. Près d'eux est la maison où ils donnent l'enseignement à un certain nombre de petits garçons : cent vingt environ.

Les sœurs de Saint-Joseph de Cluny dirigent l'école de filles qui compte de quatre-vingts à cent dix élèves.

On rencontre encore quelques boutiques tenues par des Européens, créoles de la Réunion pour la plupart.

La population entière de l'île s'élève à 8 155 habitants, dont 3 814 hommes et 4 341 femmes. La population indigène se compose surtout de Sakalaves, auxquels il faut ajouter un certain nombre d'Arabes, qui viennent de la grande Comore ou de Zanzibar.

Cette population est disséminée dans une cinquantaine de villages. Les plus importants sont : *Amboudriavnou, Passimena, Tallandava, Douani, Ambanourou,* etc.

La plupart sont construits sur de petits monticules et reliés entre eux par des sentiers qui se perdent dans les lianes; ils n'ont rien de bien intéressant, et nous ne parlerons que des deux derniers.

Le plus laid, mais aussi le plus important, est Ambanourou, situé à peu de distance à l'ouest de Hell-Ville. Le village est formé d'un assemblage bizarre de ruelles tortueuses, bordées de petites maisons en pierres, basses et trapues, ou de cases en paille tressée; tout cela est malpropre, sordide, et, dans cette température surchauffée, les tas d'immondices dégagent des effluves d'une odeur pestilentielle.

Les Arabes, qui forment la majeure partie de la population, se livrent à un trafic très actif avec Angazija et Zanzibar; ils font de ce village le centre commercial de l'île.

Les chiffres d'importation et d'exportation ont à peu près quadruplé depuis notre prise de possession. Le service du commerce est fait presque exclusivement par les caboteurs français et les boutres arabes. A Nossi-Bé, comme à Mayotte, il n'y a pas de droits de douane; il existe seulement quelques taxes sanitaires et quelques droits de navigation. A Mayotte, la monnaie française a seule cours; ici, au contraire, elle est peu répandue et la *roupie* de l'Inde est presque la seule monnaie de circulation.

Non loin de Hell-Ville se trouve Douani. Avant de parvenir au village lui-même, on remarque sur la route

A. BASSANI

Village de Douani, dans l'île de Nossi-Bé.

le petit blockhaus du même nom, gardé par une vingtaine de soldats indigènes.

Douani est un groupe assez important de cases en bois, recouvertes de feuilles de latanier; le village est habité presque exclusivement par des Sakalaves. C'est là que se trouve une des curiosités de l'île, le *Jardin du Gouverneur*, parc en miniature admirablement entretenu, où poussent à profusion toutes les fleurs et toutes les plantes des pays tropicaux.

Ceci nous amène tout naturellement à parler de la constitution du sol de Nossi-Bé, de sa fertilité et du parti qu'on en a tiré jusqu'à ce jour. C'est dans une étude très remarquable, publiée par le docteur Herland, médecin de la marine, que nous puisons ces renseignements.

Le système montagneux de l'île comprend trois groupes distincts :

Celui du nord, qui se compose d'une chaîne de montagnes courant dans la direction du nord au sud, interrompue par une grande coupée où coule le Dja-marango.

Le groupe du centre donne naissance à un assez grand nombre de rivières. Son point culminant, 500 mètres, est entouré de sept lacs de forme arrondie, dont les cuvettes sont tout simplement des cratères effondrés. Ces lacs, qui portent le nom d'*Amparii*, ne communiquent pas avec les cours d'eau voisins.

Dans le troisième groupe, le pic le plus élevé est le *Loucoubé*, 600 mètres, dont les flancs sont couverts d'une végétation luxuriante. A ses pieds s'est établie une colonie hambourgeoise. Tout autour, des blocs de granit étalent leurs masses énormes, dont quelques-uns ne mesurent pas moins de trois cents mètres cubes. Ils ont roulé du haut de la montagne, et, par leurs groupements variés, forment différents ouvrages naturels des plus pittoresques : ici, une grotte profonde ; là, un aqueduc d'où s'épanche une eau fraîche et limpide.

Les plus importantes des rivières qui s'élancent de ces différents groupes de montagnes sont : à l'ouest, le Djabala, dont nous avons déjà parlé ; l'Andrian et l'Ankarankini à l'est.

Le Djabala est la plus considérable de toutes, tant par la longueur de son cours que par le nombre de ses petits affluents. Sur sa rive gauche, au milieu d'un marais fréquenté par d'énormes caïmans, on a découvert une source thermale sulfureuse et alcaline, dont la température moyenne est de 44°.

L'île mesure une superficie de 29 300 hectares. Le sol, d'origine volcanique, est d'une très grande fertilité, et cependant il n'y a guère plus de huit mille hectares défrichés et productifs. Cela tient, d'une part, à ce que la colonie européenne, d'ailleurs peu nombreuse, se compose presque exclusivement de fonctionnaires et de petits commerçants ; d'autre part, à ce que les indigènes, pourvus de capitaux, manquant de direction, ne se sentent nullement attirés vers l'agriculture.

Mille hectares sont consacrés à la culture de la canne

à sucre. Les autres productions sont les mêmes qu'à Mayotte. Rappelons seulement qu'ici la nature est vraiment riche, qu'elle prodigue de tous côtés, sans demander aucun soin, les bosquets de bananiers, de mangliers, etc...; qu'elle revêt les flancs des montagnes d'une végétation exubérante et des plus variées. Cette terre privilégiée est toute prête à nous donner de nombreux et excellents produits; il suffirait de les lui demander, et il ne serait même pas nécessaire d'insister beaucoup.

Malgré la fertilité remarquable de Nossi-Bé, malgré l'activité du mouvement commercial que nous avons signalé, ce n'est pas seulement à ces différents points de vue que la colonie, bien négligée jusqu'ici, mériterait d'être encouragée.

Notre situation là-bas est parfaitement assise; à peine avons-nous été inquiétés une seule fois, et encore ce ne fut pas d'une façon bien sérieuse :

En 1849, cinq mille indigènes environ prirent les armes et se soulevèrent contre nous : l'abolition de l'esclavage fut le prétexte de cette révolte contre les protecteurs et les civilisateurs de ce pays. Ils marchèrent à l'assaut de Hell-Ville ; heureusement, le capitaine Marchaix, alors gouverneur de l'île, leur infligea, malgré l'insuffisance des ressources dont il disposait, une défaite dont ils ne devaient plus perdre le souvenir. La tranquillité fut troublée quelque temps encore par des courses, sans importance et sans résultat, de quelques petits pirates de Madagascar, disparus, du reste, depuis longtemps. Dès lors, notre occupation s'est continuée paisible et bien vue de tous les habitants.

Les événements récents, dont nous avons parlé dans les précédents chapitres, ont brusquement attiré l'attention sur nos possessions du canal de Mozambique; or, il ne faut pas oublier que Nossi-Bé est un point stratégique important, qui surveille, pour ainsi dire, la grande île malgache, qui surtout commande la baie profonde de Passandava, la plus belle et plus grande de Madagascar, après celle de Diego-Suarez.

Il nous reste à dire quelques mots des trois petites îles placées auprès de Nossi-Bé : Nossi-Cumba, Nossi-Mitsiou et Nossi-Fali, qui touchent de plus près la côte de Madagascar et qui appartiennent aussi à la France.

Nossi-Cumba est séparée de Nossi-Bé par un canal d'une demi-lieue de largeur, praticable pour toute espèce de bâtiments et d'un assez bon mouillage. Toute la côte septentrionale est accore et on peut en approcher sans crainte jusqu'à deux encâblures. Nossi-Cumba est un pâté presque entièrement rond à sa base et qui a deux sommets. L'un de ces sommets, placé dans la partie sud-est, est formé par un massif de roches. L'autre situé à peu près au centre de l'île, est moins saillant, quoique d'une élévation, à peu de chose près, égale au premier. La végétation est magnifique dans les vallons qui bordent la côte. Les plus grands villages se trouvent dans la partie méridionale de l'île.

L'île de Nossi-Mitsiou, dans la langue du pays, l'*île du milieu*, a exactement la forme d'un V, mais dont le côté de droite ou de l'est a presque le double de longueur du côté gauche ou ouest. L'ouverture qui fait face au nord a, dans son milieu, un énorme îlot de forme ronde, presque carré par son sommet, qui est le point le plus élevé de l'île. On le nomme Ancaréa. Ancaréa et l'îlot divisent l'entrée de la rade en trois parties inégales, qui peuvent prendre toutes le nom de passes. La plus large, la plus profonde et en même temps la plus sûre, est la Grande-Passe, qui se trouve entre Ancaréa et la côte ouest.

Nossi-Fali est à huit milles à l'est de Nossi-Bé ; elle est peu élevée, comparativement à cette dernière ; mais elle l'est cependant un peu plus que la pointe de la grande terre de Madagascar, dont elle est séparée par un étroit canal.

La portion septentrionale de l'île est accidentée, fertile et couverte d'arbres d'essences variées. Nossi-Fali produit du riz en abondance et paraît susceptible d'être cultivée.

Les autres îlots environnants ne méritent pas une description spéciale.

Nos établissements de Madagascar sont desservis par la Compagnie des Messageries maritimes, qui a établi un service partant de la Réunion et touchant à Tamatave, Sainte-Marie, Diego-Suarez, Nossi-Bé, Mayotte, Anjouan, Majunga, Mozambique et Zanzibar.

RESUME

La courte description que nous venons de faire de Madagascar et de ses dépendances suffira, nous l'espérons, à expliquer le vœu patriotique formé par un certain nombre de Français : voir notre patrie reprendre la prépondérance que nous avions naguère dans la grande île africaine.

Nous qui, placé en dehors de toutes les questions d'opinion et de parti, nous faisons honneur d'être un des plus ardents défenseurs de la politique coloniale ; nous qui luttons et qui combattons pour le relèvement de la patrie, pour la grandeur de la France, pour l'extension de son influence dans l'Extrême-Orient, nous avons toujours considéré que le maintien de nos droits sur Madagascar était une œuvre de patriotisme et que la grande île était non seulement une colonie utile, mais encore et surtout une COLONIE NÉCESSAIRE.

L'importance de la colonisation de Madagascar pour la France est indéniable.

Pour s'en rendre compte, il suffit de lire les livres anglais écrits sur cette question et les nombreux articles de journaux parus dans ces dernières années ; nous n'en citerons que deux.

M. Shaw, dans son livre *Madagascar and France,* s'exprime ainsi : « Commercialement, Madagascar offre un intérêt immense aux Anglais. Non seulement les demandes de fer, de tissus de coton, de verreries, de faïences, deviennent chaque année plus nombreuses et plus rémunératrices, mais encore, et on l'a souvent répété, la terre de Madagascar est des plus fécondes et son sol fertile donne en abondance toutes les productions si recherchées en Angleterre. En outre, Madagascar possède des richesses minérales inouïes, encore inconnues, auxquelles il ne manque, pour être mises en valeur, que la confiance du gouvernement à l'égard des Européens. Elles donneront alors aux capitaux anglais employés dans ces exploitations des bénéfices considérables. De plus, Maurice, notre colonie riche et florissante, quoique si petite, tire de Madagascar la majeure partie de son alimentation et notamment les bœufs, les porcs et la volaille. »

C'est un missionnaire anglican qui parle ainsi, un de ces méthodistes, pionniers-explorateurs, que l'Angleterre envoie dans les pays qu'elle convoite, pour renseigner les commerçants, faire des prosélytes et préparer les voies à ses nationaux. Un ancien résident anglais à Madagascar écrivait la lettre suivante :

« Est-il d'une bonne politique de laisser les Français s'établir à Madagascar, l'une des plus grandes îles du

monde, qui a plus de neuf cents milles de long et qui
produit tout ce qui est nécessaire à l'existence de
l'homme ? Elle fournit du bois pour la construction des
vaisseaux ; des minéraux en abondance ; d'immenses
richesses agricoles ; de grandes quantités de bestiaux,
si utiles à Maurice ; en un mot, tout ce qu'il faut pour
former un grand pays.

« Est-il d'une bonne politique que nous permettions
aux Français d'avoir une colonie comme Madagascar, à
deux jours de traversée de l'île Maurice ? Si nous souf-
frons cela, notre empire de l'Inde sera surpris de voir
qu'à sept ou huit jours de traversée, il y a un redoutable
et dangereux voisin. La possession de Madagascar rendra les Français maîtres du Mozambique et de la principale route de l'Inde. »

Telle est l'opinion des Anglais sur la grande île africaine, et telle est leur crainte de nous la voir posséder,
que, ne pouvant nous la disputer ouvertement, ils ont,
depuis soixante-dix ans, mis tout en œuvre pour y
détruire notre influence et la remplacent par celle de
l'Angleterre.

A l'heure actuelle, tous nos efforts sont dirigés vers
l'Extrême-Orient ; nous cherchons à y créer de nouveaux
débouchés pour notre commerce et les produits de notre
industrie ; à ouvrir vers la Cochinchine, l'Annam, le
Cambodge, le Tong-King, un courant d'émigration et
d'entreprises industrielles ; plus nombreux que jamais,
nos navires vont sillonner l'océan Indien. Or, quelle

station avons-nous de Marseille à Saïgon, du cap de Bonne-Espérance en Cochinchine ? Obock deviendra un port de ravitaillement pour nos paquebots traversant le canal de Suez ; la Réunion peut recevoir quelques navires dans son port de Saint-Pierre, le port de la Pointe-des-Galets peut offrir un abri à nos navires de commerce ; mais nous n'avons pas *une rade* où une flotte tenant la mer pourrait venir s'abriter et se ravitailler ; nous n'avons pas dans l'océan Indien un bassin où nos vaisseaux puissent réparer leurs avaries.

Dernièrement, un de nos navires de guerre, en station devant Madagascar, ayant subi des avaries à son hélice, s'est vu obligé d'aller à Maurice et de demander aux autorités anglaises la permission de pénétrer dans le port. Le conseil de l'île insista auprès du gouverneur pour que cette autorisation nous fût refusée, sous prétexte que la France, étant en guerre avec les Hovas, alliés de l'Angleterre, celle-ci ne pouvait donner asile à un de nos vaisseaux. Fort heureusement, le gouverneur de Maurice, sir Hope Hennessy, est un Irlandais qui réprouve hautement tous les agissements des méthodistes anglais et dont les sympathies pour la France sont connues ; il refusa de déférer au vœu du conseil, donnant pour raison que, quelques semaines auparavant, il avait laissé l'*Antananarivo*, navire hova, pénétrer dans la rade de Maurice.

Madagascar, au contraire, nous offre, sur plus de quinze cents kilomètres de côtes à l'est, et sur dix-huit cents à l'ouest, des rades naturelles si vastes et si bien abritées, que celle de Diego-Suarez, par exemple, est réputée comme la plus belle du monde ; dans les baies d'Antongil, de Passandava, de Mahagambo, de Bombetok, de Tolia, de Saint-Augustin, sur la côte orientale et sur la côte occidentale, nos vaisseaux trouveraient un abri sûr et un ravitaillement certain en vivres et en combustible. Madagascar cultivée et colonisée ne saurait refuser à nos flottes ce que Madagascar encore en friche et tout à fait sauvage a fourni si abondamment à Mahé de la Bourdonnais, au vicomte d'Aché, au bailli de Suffren.

Pour se rendre compte de l'importance stratégique de Madagascar, il suffit de jeter les yeux sur la carte de l'océan Indien : la grande île commande à la fois toute la côte orientale d'Afrique, dont elle n'est éloignée que de quatre-vingt-cinq lieues, l'Hindoustan et l'archipel asiatique. Par Madagascar on est maître de la route des Indes, car on domine le détroit de Bab-el-Mandeb ; si le canal de Suez tombait aux mains d'une puissance ennemie, par Madagascar, on serait maître du cap de Bonne-Espérance. Occuper Madagascar c'est reprendre dans l'océan Indien la prépondérance que nous y avions autrefois, et refaire la France grande et respectée.

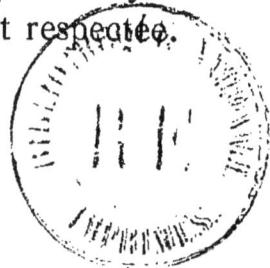

TABLE DES MATIÈRES

TABLE DES GRAVURES

A LA MÊME LIBRAIRIE

BIBLIOTHÈQUE COLONIALE
ET DE VOYAGES

VOLUMES IN-8° CARRÉ, ILLUSTRÉS

Broché . . . . 2 fr. 50
Toile tranche dorée. . . . . . 3 fr. »
1/2 reliure tête dorée. . . . . 4 fr. 50

Pour paraître dans la même collection :

Paris. — Charles UNSINGER, imprimeur, 83, rue du Bac.